Sara y las Goleadoras

Laura Gallego

Sara y las Goleadoras

Creando equipo

Ilustraciones de Laia López

DESTINO

DESTINO INFANTIL Y JUVENIL, 2019
infoinfantilyjuvenil@planeta.es
www.planetadelibrosinfantilyjuvenil.com
www.planetadelibros.com
Editado por Editorial Planeta, S. A.

Avda. Diagonal, 662-664, 08034 Barcelona

Primera edición: marzo de 2009
Primera edición en esta presentación: febrero de 2019
ISBN: 978-84-08-20220-2
Depósito legal: B. 133-2019
Impreso en España

El papel utilizado para la impresión de este libro es cien por cien libre decloro y está calificado como papel ecológico.

1

El anuncio de la discordia

Un sol de justicia aplasta a las veinte mil personas que se han reunido hoy en el estadio. Sin embargo, a nadie le importa el calor. Hay muchas otras sensaciones que experimentar.

Porque estas veinte mil personas han venido a verlas a ellas: a veintidós jóvenes mujeres en pantalón corto que corren detrás de un balón.

Y, sobre todo, están aquí por una en particular.

Se llama Sara, y es la gran promesa de la selección nacional femenina. Por primera vez en su historia, esta selección ha llegado hasta la final en un campeonato mundial. El marcador señala un empate a uno y solo cinco minutos para que termine el partido. Cinco minutos para la gloria.

Hoy hace mucho, mucho calor, pero veinte mil

personas están pendientes de las evoluciones de Sara, la pelirroja, que acaba de atrapar un balón y corre por la banda como una flecha hacia la portería contraria. Miles de hinchas corean su nombre hasta enronquecer. Incluso la afición rival admira su clase y su calidad.

Sara corre, alentada por más de diez mil gargantas. Una jugadora del equipo contrario trata de detenerla. Sara se detiene, levanta la cabeza y ve a una compañera desmarcada. Dribla y le pasa el balón, y en cuanto se ha asegurado de que sigue bajo control, continúa corriendo. Casi inmediatamente le devuelven el esférico. Apenas frena un poco para recogerlo y, de nuevo, sale disparada. Los hinchas rugen como una sola voz.

La defensa rival trata de interceptarla. Sara ha llegado al borde del área y se para por segunda vez, estudiando la situación. Una de las defensas hace amago de entrarle. Sara pasa la pelota a una compañera y se deshace de sus marcadoras.

Está cerca, muy cerca. Su rápida maniobra ha despistado a la defensa del equipo contrario.

—¡Aquí, pásamela! —grita, y pronto el balón vuela de nuevo, directo hacia la atrevida jugadora pelirroja.

Sara frena su carrera en seco, sin aliento. El balón va muy alto. No logrará alcanzarlo.

Solo tiene unos segundos para sopesar sus posibilidades. Descarta el remate de cabeza. Está demasiado lejos; no logrará darle con suficiente fuerza.

Quedan cinco minutos, y Sara tiene una única oportunidad de sentenciar el partido. Si empatan, habrá prórroga, y las jugadoras están ya demasiado cansadas. En esas condiciones, cualquier desliz puede suponer un error fatal, la diferencia entre la victoria y la derrota, entre ser las campeonas mundiales y quedarse a las puertas.

Sara no duda más. Toma impulso y salta con todas sus fuerzas cuando el balón está ya casi encima de ella. Trata de girar el cuerpo en el aire; es una maniobra arriesgada y difícil, pero si logra empalmar un disparo...

Lo ha ensayado mil veces en los entrenamientos y sabe que casi nunca le sale bien. Pero en esta ocasión tiene que conseguirlo.

Gira el cuerpo un poco más, lanza la pierna, buscando el balón... Los dos segundos que tarda su pie en alcanzarlo parecen pasar a cámara lenta.

Sara chuta con todas sus fuerzas y el balón sale disparado hacia la portería.

La joven cae al suelo. Está de espaldas y, por tanto, no puede ver si la chilena le ha salido bien.

Pero no pasan ni tres segundos antes de que medio estadio se venga abajo.

La portera se ha quedado un instante paralizada, contemplando la jugada de Sara, boquiabierta, y eso le ha restado capacidad de reacción. Se ha estirado para detener el balón, pero demasiado tarde..., la pelota se cuela en su portería...

—¡¡¡GOOOOOOOOL!!!

Sara se da la vuelta para ver, aún sin poder creerlo, la pelota alojada en la portería rival.

Mientras los hinchas celebran el gol, el partido y el título mundial, sus compañeras se le echan encima para festejar la victoria mientras corean su nombre.

—¡Sa-ra, Sa-ra, Sa-ra...!

—¡SARA! —rugió de pronto una voz.

Ella volvió a la realidad y miró a su alrededor, todavía algo aturdida. Lo primero que vio fue el rostro de su amiga Vicky, que la contemplaba con cierta expresión angustiada. Lo siguiente, fueron veinticinco pares de ojos guasones clava-

dos en ella. Y a su profesor de física señalando a la pizarra.

Y de verdad hacía calor, un calor pesado todavía, para haber llegado ya el mes de septiembre; pero no se encontraba en ningún estadio, sino en el colegio, en clase de ciencias naturales. Y los veinticinco chicos y chicas que la observaban no parecían, ni mucho menos, hinchas con ganas de desgastar su nombre.

—¿Perdón? —se atrevió a decir. Se oyeron algunas risitas.

—¿Otra vez en las nubes? Supongo que no estarías pensando en la solución del problema...

Sara miró desesperada a la pizarra, pero había desconectado hacía un buen rato y las operaciones que había escrito el profesor no tenían ningún significado para ella.

Abrió la boca, tratando de pensar a toda velocidad; su salvación llegó en forma de un susurro apresurado:

—¡Setenta y cuatro coma tres kilómetros por hora!

Sara reconoció la voz de Vicky, pero, para no delatarla, ni siquiera la miró. Tragó saliva y repitió:

—Setenta y cuatro coma tres...

—Sí, yo también lo he oído —cortó el profesor—. Muchas gracias, Vicky.

Carcajada general.

Sara le lanzó a Vicky una mirada de disculpa, pero ella se había quedado con la vista fija en el profesor, horrorizada. Sintió lástima por ella. Vicky era una estudiante brillante, pero le sentaba muy mal que la regañaran o la pillaran en falta. Y, desde que era amiga de Sara, esto era algo que sucedía a menudo.

Trató de olvidar sus ensoñaciones para concentrarse en la clase, con un suspiro de resignación que sonó más alto de lo que ella esperaba, y que arrancó más risitas a su alrededor. Frunció el ceño. De acuerdo, aquel estadio no era real. Pero lo que había visto en él, aunque fueran imaginaciones suyas, era mucho más emocionante que una clase de ciencias. Eso, desde luego.

Su mirada vagaba de nuevo hacia la ventana cuando recibió un codazo de Vicky que la devolvió a la realidad. Y entonces, oportunamente, sonó el timbre.

—¡Todos los problemas de la página doce para mañana! —se lamentaba Vicky—. Es la última vez que te saco de apuros en clase cuando te quedas pensando en las musarañas, ¿me oyes?

—Bueno, vale, ya he dicho que lo siento. Te prometo que te ayudaré con los deberes.

—Sí, y ya sé lo que pasará después —siguió protestando Vicky—. Terminaré haciendo yo tus deberes, como aquella vez que... ¿Me estás escuchando?

Sara había dejado de prestarle atención. Se había detenido junto al campo de fútbol, donde sus amigos estaban ya jugando el partidillo reglamentario de todos los recreos. Uno de los chicos la saludó con la mano. Era su hermano Bruno, pecoso y pelirrojo también, pero un poco más bajito que ella. Sara era un año mayor: tenía trece años, mientras que Bruno acababa de cumplir los doce.

—¿Juegas?

Sara sonrió. No siempre se llevaba bien con Bruno, pero sí tenían en común su afición al fútbol. De modo que no se hizo de rogar y entró en el partido.

—¡Nos vemos luego! —le dijo a Vicky alegremente.

Esta suspiró con paciencia. Era lo que tenía ser amiga de alguien como Sara. Estaba acostumbrada, así que se encogió de hombros y recorrió el patio con la mirada buscando un banco libre. El más próximo estaba ocupado por Virginia y sus amigas, que se reían escandalosamente, celebrando el último marujeo del fin de semana. En otro de los bancos estaba el Trío, como solían llamar a tres chicos que iban siempre juntos y que compartían una común afición por los cómics, la fantasía y los juegos de rol en general. Eran bastante inofensivos, pero a Vicky la asustaban un poco sus pintas, las camisetas que exhibían, llenas de calaveras, orcos y dragones y, para qué negarlo, el mundo en el que se movían, y que ella desconocía. El tercer banco lo acababa de ocupar un grupo de chicas de tercero, por lo que Vicky bordeó el campo de fútbol, pasó frente al almacén del material deportivo y se sentó en la grada. Una vez acomodada, echó un nuevo vistazo a Sara, que ya corría, entusiasta, detrás del balón, y se sumió en la lectura de una novela de Agatha Christie. Le gustaban los libros de misterio porque suponían un reto a su inteligencia, igual que las matemáticas: un crimen, un asesino; un problema, una única solución. Aunque el puzle fuera complicado, solo había una manera de resolverlo, y eso era mucho más de lo que podía decirse de la vida en general.

Pronto se olvidó del mundo y se sumergió en los entresijos de la apasionante investigación criminal en torno al asesinato de Roger Ackroyd.

De modo que aquella mañana, que comenzó como tantas otras, se inició un curso que prometía ser normal y corriente, pero que se acabó transformando en el mejor año de sus vidas. Nuevo curso, sí, pero, salvo para los recién llegados, el colegio era el mismo de siempre, y también los amigos y los profesores. Por eso nadie prestó atención al principio a Eloy, el profesor de gimnasia, cuando salió al patio, con su chándal y su silbato colgando sobre el pecho, para pegar un cartel en la puerta del almacén de material.

Solo cuando Eloy ya se iba, uno de los chicos, Roberto, reparó en él. Se detuvo en seco y echó un vistazo curioso al cartel que acababa de colocar, tratando de leerlo desde su posición en el campo de fútbol. El balón que Sara le lanzó pasó por delante de él sin que se diera cuenta.

—¡Pero tío...! —protestaron varios jugadores de su equipo.

Para entonces ya había un par de curiosos en torno al cartel que había puesto el profesor. Bruno salió corriendo hacia el almacén para ver de qué se trataba.

—¡Vuelve al partido, renacuajo! —tronó Alex amenazadoramente; Alex no era un chico, sino una chica. No solía jugar a fútbol con ellos, pero, cuando lo hacía, se encargaba de ponerlos a todos en su sitio, a chicos y a chicas. Y es que Alex tenía fama de chica dura, y no sin motivo.

Sin embargo, detrás de Bruno se fueron los gemelos Lucas y Mateo, y en cuanto empezaron a hacer comentarios entusiasmados acerca del contenido del anuncio, el resto del grupo se reunió con ellos.

Para cuando Sara llegó a la puerta del almacén, todos habían leído ya el cartel, que decía lo siguiente:

LA DIRECCIÓN DEL COLEGIO
QUIERE FORMAR UN EQUIPO DE FÚTBOL MASCULINO
PARA PARTICIPAR EN LA LIGA LOCAL.
LA SELECCIÓN DE JUGADORES SE HARÁ
A LO LARGO DE LA SEMANA QUE VIENE.
INTERESADOS ACUDIR AL CAMPO DE FÚTBOL
EL MIÉRCOLES DESPUÉS DE LAS CLASES.
FIRMADO: ELOY.

A Bruno se le iluminaron los ojos.

—¡Moooola! —fue su única valoración.

Lucas y Mateo chocaron las manos.

—¡Lo conseguimos! —dijeron a la vez.

Lo cierto era que el grupo llevaba ya un par de

años insistiendo al director del colegio para que les permitiera formar un equipo federado y participar en la liga interescolar. Porque, aunque se lo pasaban muy bien jugando juntos en el recreo, a la larga resultaba un poco monótono, y todos estaban de acuerdo en que sería muy emocionante jugar contra equipos de otros colegios.

—¡Qué bien! —exclamó Sara dando un salto de alegría—. Ojalá nos cojan a todos para formar el equipo.

Varios pares de ojos la miraron como si fuera un extraterrestre.

—Bueno, a ti, desde luego, no te van a coger —replicó Lucas con guasa, mientras Mateo asentía muy convencido.

Sara se picó.

—¿Y se puede saber por qué no, listo? ¡Si juego mejor que vosotros dos juntos!

Esto era estrictamente cierto, y los gemelos lo sabían. A todos les gustaba jugar al fútbol, pero nadie lo vivía con tanta intensidad como Sara ni practicaba tantas horas. Ni siquiera su hermano Bruno.

Para salvar su dignidad, y antes de que nadie le diera la razón a la chica, Mateo replicó:

—Porque ahí dice MAS-CU-LI-NO, lista. ¿O es que te has vuelto chico de repente?

—A lo mejor es un chico disfrazado de chica —se burló Lucas—. ¡Y nosotros sin enterarnos!

Todos se echaron a reír. Sara miró a su alrededor, buscando la complicidad de alguna de las otras chicas. Pero Alex ni siquiera se había molestado en acercarse a leer el cartel, y Eva, que también solía jugar con ellos a menudo, no había ido a clase aquel día. Sara se encontró de pronto sola entre un grupo de chicos que, hasta el día anterior, la habían aceptado como a una más. Volvió a leer el anuncio con atención, buscando en él algo que le asegurara que podría entrar en el equipo, pero la palabra «MASCULINO» no dejaba lugar a dudas.

—Seguro que habrá también un equipo femenino —manifestó, pero por dentro no estaba tan segura.

—Seguro que no —se burló Lucas.

—¿Y por qué no, si puede saberse? —replicó ella, molesta—. ¿Me vas a decir, a estas alturas, que el fútbol es solo para tíos?

Lucas iba a replicar, pero se quedó con la palabra en la boca. Por la cara que puso, Sara adivinó que eso era justamente lo que iba a decir. Echó un vistazo a su alrededor, pero ninguno de sus amigos le sostuvo la mirada.

—Vamos, Sara, entiéndelo —dijo Roberto—. Está muy bien jugar en el recreo y todo eso. Pero un equipo federado es... es algo serio.

—¿Insinúas que yo no soy seria? ¡Pero si entreno el doble que vosotros y soy la mejor del grupo!

—Bueno, pero un equipo no está formado por una sola persona —murmuró Bruno por lo bajo—. Y está claro que en el equipo de chicos no puedes jugar porque...

—Porque eres una chica —concluyó Lucas triunfal.

Sara los miró a todos una vez más. Alguno tuvo la decencia de mostrarse avergonzado.

—Esto es increíble —masculló, enfadada, y salió corriendo en busca de Eloy.

Lo encontró un rato más tarde en el gimnasio, dando clase de educación física a los mayores. Atropelladamente, le explicó que en el anuncio que había puesto en la puerta del almacén no se hablaba de ningún equipo de fútbol para chicas.

—Es que el equipo va a ser solo de chicos —replicó Eloy; seguía con la vista clavada en sus alumnos, y no se había dignado mirar a Sara ni una sola vez.

—¿Y no va a haber también un equipo de chicas? —preguntó Sara, sin poder creerlo.

—No —fue la respuesta, seca y cortante. Ella no se rindió.

—¿Y por qué no?

—Porque no. Porque las chicas no juegan al fútbol, es un deporte para chicos.

—Eso es una tontería —se enfadó Sara—. Yo juego al fútbol.

—Tú eres un bicho raro.

—Pero...

—¡Vamos, moved el trasero, que es para hoy! —gritó Eloy a los chicos y chicas del gimnasio, ignorando a Sara—. ¡Alberto, te he visto: veinte flexiones más!

Sara se quedó quieta, asimilando lo que le había dicho. Seguía dándole vueltas, buscando una solución desesperadamente.

—¿Y si reuniese a un grupo de chicas para hacer un equipo?

—¿Todavía sigues ahí? ¡Mira que llegas a ser cabezota! Habría que ver a ese equipo...

Sara cazó la oportunidad al vuelo.

—¡De acuerdo! ¿Cuánto tiempo tengo?

Eloy se volvió hacia ella muy despacio y la miró por primera vez.

—¿Cuánto tiempo tienes para qué? ¿Para encontrar gente o para formar un equipo? No es lo mismo. Hay muchas chicas, pero pocas jugadoras de fútbol. No encontrarás más bichos raros como tú.

Sara apretó los dientes. Estaba claro por qué Eloy no era, precisamente, el profesor más popular del colegio.

—Claro que lo haré. Y no soy ningún bicho raro.

—Yo tendré a mi equipo seleccionado en menos de dos semanas. ¿Crees que podrás haber reunido para entonces a once jugadoras de fútbol?

Sara tragó saliva. Era mucha gente. De entrada, a ella solo se le ocurrían tres chicas que podrían estar interesadas.

—¿Lo ves? —dijo Eloy—. Yo tengo candidatos a patadas. Tú, en cambio, no tienes a nadie. ¿Y sabes por qué? Porque el fútbol no es un deporte de chicas, a ver si te entra en la cabeza. Y, a propósito, ya deberías estar en clase. El recreo de las once ha terminado hace diez minutos.

Sara dio media vuelta para marcharse. Vaciló un momento y después se volvió de nuevo para decirle al profesor:

—Pues voy a formar un equipo de chicas. Jugaremos mejor o peor, pero tenemos tanto derecho como los chicos a participar en la liga interescolar. Así que dentro de una semana se las presentaré.

Eloy no dijo nada. Sara salió del gimnasio sin despedirse y corrió a su clase.

2

Primeras jugadoras

—Ni hablar. No cuentes conmigo.

—Pero, Vicky... si a ti te gusta el deporte...

—Me gusta estar en forma, eso es todo. No sé jugar al fútbol.

—Pues aprendes.

—Pero me quitará tiempo para estudiar...

—Pues estudias menos.

—¡¿Qué?! ¡Suspenderé!

—¿Cómo vas a suspender? ¡Si tú siempre sacas buenas notas!

—Porque estudio.

—¿Y no haces *footing* tres veces por semana? Pues puedes cambiarlo por los entrenamientos del equipo...

—¡Pero si no hay equipo!

—Pues lo montamos.

—Ay... No puedo contigo.

Habían terminado ya las clases del día. Las dos estaban sentadas en uno de los bancos del patio. Vicky había escuchado con horror el relato de cómo Sara se había atrevido a desafiar a un profesor, y había expresado sus dudas acerca de poder cumplir la condición de Eloy a tiempo.

—Reconoce que es razonable —le había dicho—. No puedes federarte tú sola, Sara. Necesitas un equipo. Y es verdad que en el colegio hay montones de chicos que se mueren por jugar. Pero chicas... bueno, no hay tantas.

Entonces ella había empezado a insistirle para que se uniese al futuro equipo. Y por lo visto, se dijo Vicky resignada, acababa de conseguirlo.

—¿Me ayudarás a seleccionar a la gente? —dijo Sara de pronto—. Tendremos que hacer una lista.

Le había tocado la fibra sensible, y lo sabía. Vicky adoraba hacer listas: tenía montones de libretitas donde apuntaba las cosas que tenía que hacer, los libros que quería leer, los países que le gustaría visitar cuando fuera mayor... Incluso había hecho un listado de los pares de calcetines que guardaba en el cajón de su mesilla de noche.

—Es para asegurarme de que no se me pierde ninguno en alguna colada —se había justificado el día en que Sara había encontrado por casualidad su Lista de calcetines (calcetines de flores, calcetines verdes, calcetines de rayas rojas, calcetines grises —dos pares—, calcetines de deporte —cuatro pares—, calcetines de cuadros azules...). Era una buena amiga y se llevaría a la tumba el secreto de la existencia de aquella bochornosa lista. Pero había descubierto uno de los puntos débiles de Vicky, y lo utilizaba siempre que podía: bastaba con mencionar que había que hacer una lista para que ella se ofreciera inmediatamente a colaborar.

Cuando quiso darse cuenta, Vicky ya había abierto una libretita azul con una estrella amarilla en la tapa y había apuntado:

Lista de jugadoras para el equipo de fútbol de Sara

—Borra lo último —pidió ella—. No es mi equipo de fútbol, es el equipo del cole. Además, me tienes que poner a mí en la lista, así que no debería estar en el título.

—Es verdad —reconoció Vicky.

Tachó «DE SARA» con una mueca de disgusto —odiaba hacer tachones— e inauguró la lista con el primer nombre: «Sara (2.º C)». Al levantar la cabeza vio que su amiga la miraba fijamente.

—Vale, vale —se rindió.

A regañadientes, añadió un segundo nombre a la lista: «Vicky (2.º C)». Después, contempló su obra, orgullosa, tratando de ignorar el tachón.

—No está mal. ¿Cuántas nos faltan para montar el equipo? ¿Cinco?

—Nueve. Y alguna más si queremos tener suplentes.

A Vicky casi se le cayó el boli.

—¿Tantas?

—El fútbol se juega once contra once, Vicky. ¿Nunca has visto ningún partido?

—¡Pero no vamos a encontrar a nueve chicas futboleras en una semana! —chilló su amiga, empezando a ponerse nerviosa.

Sara ya no le hacía caso. Se había quedado contemplando lo que sucedía en una de las canchas del patio. Y, por una vez, no era la de fútbol.

Un poco más allá se desarrollaba un animado partidillo de baloncesto. Una de las jugadoras, una chica morena, que se movía con seguridad y elegancia, acababa de encestar. Llamaba la atención desde lejos porque era tan alta como cualquiera de los chicos.

Sara se levantó del banco de un salto y se dirigió hacia la cancha de baloncesto. Vicky recogió sus cosas y la siguió.

Aún se quedaron allí un rato más contemplando las evoluciones de los jugadores. Vicky había captado las intenciones de Sara. Sacó su libreta y empezó a tomar notas. Cuando el partido terminó, las dos se acercaron a la chica de la cancha.

—Hola, ¿podemos hablar contigo un momento?

Ella se volvió con curiosidad. Tenía la piel de color café y el pelo recogido en innumerables trencitas.

—Claro. ¿Qué pasa?

—Me llamo Sara, y esta es mi amiga Vicky. Estamos reclutando a gente para formar un equipo de fútbol femenino.

—¿Un equipo de fútbol? —repitió la chica extrañada; levantó el balón de baloncesto para que Sara y Vicky lo vieran bien—. ¿Os parece esto una pelota de fútbol? Yo no...

—Ya nos hemos dado cuenta de que juegas al baloncesto —cortó Sara impaciente—. Y eso es un punto a tu favor: ¡significa que estás en forma!

—Eso es verdad —admitió ella pensativa—. Así que un equipo de fútbol de chicas, ¿eh? Parece interesante —añadió de pronto, más animada—. ¿Cuántas sois?

Vicky sacó su lista.

—Do... —empezó, pero Sara le tapó la boca con la mano para que no siguiera hablando y respondió por ella:

—Ocho.

—¡Mmmmpffff! —protestó Vicky.

La otra las miró con suspicacia.

—Eh, que estoy con vosotras. Me gustaría apuntarme al equipo, seáis las que seáis, siempre que los entrenamientos no me coincidan con los de baloncesto.

Vicky se desembarazó de la mano de Sara y recuperó el habla.

—Eso se puede arreglar —le aseguró—. ¿Nombre y curso, por favor?

—Me llamo Jessi, y voy a 3.º A.

Vicky lo apuntó todo en su lista diligentemente.

—¿Has jugado alguna vez al fútbol?

Jessi se encogió de hombros:

—Simplificando, hay una pelota y hay que colarla en el lado contrario, pero sin botarla, ¿no?

—¡Tú lo has dicho! —aprobó Sara sonriendo.

Estaba atardeciendo. La mayor parte de los alumnos se habían marchado ya a casa, pero todavía quedaban algunos en el patio. Algunos niños jugaban en los columpios, esperando a sus padres y madres, que no tardarían en acudir a buscarlos. En otro de los bancos, el Trío jugaba a lo que parecía una apasionante partida de *Magic*.

Y en el campo de fútbol, un nutrido grupo de chicos de entre doce y catorce años se habían reunido en torno a Eloy, el profesor de gimnasia.

Sara, Vicky y Jessi los observaban desde las gradas.

Sara estaba de mal humor. Su gran sueño era poder jugar algún día en un equipo profesional, en primera división. Tal vez alcanzar la selección nacional, ¿por qué no? Con ese objetivo, Sara jugaba a fútbol siempre que podía, esforzándose por mejorar cada día más. Sin embargo, ¿cómo podía soñar con ser profesional algún día si ni siquiera la dejaban formar parte del equipo del colegio?

Observó a los chicos casi con odio. Allí estaban los gemelos, Mateo y Lucas; Roberto, grande y fuerte, pero no demasiado brillante; y muchos otros a los que no conocía porque iban a otras clases.

También estaba su hermano, Bruno. Sara apretó los puños con rabia.

Aquello no era justo. Bruno peloteaba de vez en cuando, pero no había entrenado ni la mitad que ella, y ni siquiera estaba interesado en llegar a ser profesional. ¿Por qué a él le daban la oportunidad

de jugar en un equipo, mientras que ella se tenía que contentar con quedarse mirando?

Habían pasado ya dos días desde la incorporación de Jessi al futuro equipo, y desde entonces no habían reclutado a nadie más. En cambio, Eloy había reunido en el campo de fútbol a más de treinta chicos de varios cursos diferentes.

Lo observó mientras apuntaba sus nombres, sombría.

—¡Bah! —resopló con desdén—. Algunos de esos no saben ni darle al balón.

—Oye, que yo tampoco sé —protestó Vicky, picada.

Una voz alegre interrumpió la conversación.

—¡Hola, Sara! ¿Tú también has venido a lo del equipo?

Las tres se volvieron hacia una chica que avanzaba por la banda vestida con ropa deportiva y llevando un balón entre los pies. Tenía el pelo rubio, corto y rizado, y exhibía una sonrisa de oreja a oreja.

Sara lamentó tener que ser la que le diera la mala noticia.

—¿No te has enterado, Eva? No admiten chicas.

La recién llegada la miró como si no creyera lo que estaba oyendo.

—¿Cómo? ¿No nos van a dejar jugar?

A Eva también le gustaba mucho el fútbol y solía apuntarse a los partidillos del recreo siempre que tenía ocasión. Sara recordó que no la había visto el día que Eloy había colgado el anuncio del equipo en la puerta del almacén.

—¿Dónde estabas el lunes?

—Tenía cita con el dentista. ¿Por qué?

Sara le contó en pocas palabras el chasco que se había llevado, su conversación con Eloy y la reacción de los chicos del futuro equipo federado.

—Qué cerdos —murmuró Eva. Se sentó en la grada junto a ellas, mientras jugueteaba con su balón—. ¿Y qué vas a hacer?

—Montar el equipo, naturalmente. Ya hemos empezado —añadió mientras Vicky exhibía, triunfal, la libreta donde tenía la lista de jugadoras.

—¿En serio? —se animó Eva—. ¿Y cuántas somos ya?

—Tre... —empezó Vicky, pero Sara se apresuró a cubrirle la boca y a contestar:

—Contigo somos ocho.

—¡Mmmmpppff! —protestó la pobre Vicky.

—Eso no está bien, Sara —terció Jessi con seriedad—. Ya sabes que somos tres.

—Y conmigo, cuatro —sonrió Eva—. No está mal para empezar, ¿no?

—Tú siempre tan optimista —suspiró Vicky mientras la apuntaba en su lista—. Tenemos que ser como mínimo once para la semana que viene. Y mira —añadió enseñándole la libreta.

Eva leyó:

Lista de jugadoras para el equipo de fútbol ~~de Sara~~

1. Sara (2.º C)
2. Vicky (2.º C)
3. Jessi (3.º A)
4. Eva (2.º B)

—Está muy bien —comentó—, pero yo veo que falta un nombre en esa lista.

Las tres la miraron con curiosidad.

Momentos más tarde salían del colegio para adentrarse en un callejón. Allí, junto a la pared, había «acampado» un grupo de chicos que escuchaba música a todo volumen. Todos se volvieron hacia ellas cuando se acercaron, con cierta curiosidad.

Solo alguien las ignoró: se trataba de Alex, la chica dura, que llevaba el pelo castaño siempre corto y no se separaba nunca de su chupa de cuero.

Pero Eva tenía razón: Alex jugaba al fútbol bastante bien y, a pesar de sus ademanes masculinos, era una chica.

—Oye, Alex... —empezó Sara. Tuvo que levantar la voz para que la oyera. Vicky, por su parte, se había tapado ya los oídos, con cara de estar sufriendo mucho.

Ella se volvió para mirarlas, por fin.

—¿Qué queréis?

—Estamos montando un equipo femenino de fútbol y...

—No me interesa.

Esto desconcertó a Sara, que no había esperado una negativa por su parte.

—¿Por qué no? ¡Si a ti te gusta jugar al fútbol!

—Exacto: me gusta jugar al fútbol cuando me apetece. No cuando me lo diga un entrenador.

—Pero...

—Ya te he dicho que no me interesa. Y ahora, largaos y dejad de dar la paliza.

—Pero es que...

—Déjala —dijo Vicky—. Si no quiere, no quiere.

Decepcionadas, las chicas salieron del callejón.

Cuando pasaban de nuevo ante la puerta del colegio se encontraron con los aspirantes a jugar en el equipo de Eloy, que ya salían de su reunión. Sara localizó a su hermano entre ellos.

—¡Eh! —lo llamó—. ¿Ya habéis acabado? ¿No han hecho la selección?

—Dice Eloy que mañana —respondió Bruno—. Hoy nos ha explicado de qué va la cosa y ha tomado nota de nuestros nombres.

—¿Y mañana ya estará el equipo hecho? —preguntó Sara, preocupada.

—No, dice que hará una primera selección, pero que el equipo lo irá conformando a lo largo de los entrenamientos de la semana que viene.

Las chicas cruzaron una mirada. Bruno la detectó.

—¿Qué pasa? —quiso saber, desconfiado—. ¿Qué andáis tramando?

—Nada que te incumba —replicó su hermana, altiva.

Sin embargo, Bruno no iba a tardar en enterarse. Y con él, todo el colegio.

3

La selección de Eloy

Al día siguiente, por las paredes de todo el centro aparecieron copias del siguiente anuncio:

SE BUSCAN CHICAS
PARA EQUIPO FEMENINO
DE FÚTBOL

Los carteles estaban adornados con multitud de baloncitos de fútbol. Debajo del anuncio, escrito con letras grandes y llamativas, estaban los nombres de las personas con las que había que contactar, por lo que a nadie le sorprendió ver a Sara pegando carteles por los pasillos. Cuando terminó de colocar el último ya tenía un nutrido grupo de gente a su alrededor haciendo comentarios.

—¿Un equipo de fútbol femenino? —oyó la voz de una chica tras ella.

—¡Bah! —dijo un chico—. ¡Pero si no hay chicas que jueguen al fútbol!

—¿Y tú qué sabes? —replicó la chica, belicosa.

—¿Qué? ¿Es que vas a apuntarte tú?

—Bueno... yo, no.

—¿Qué es lo que he oído por aquí? —intervino una voz aguda—. Será una broma, ¿no?

Sara se dio la vuelta. Ante ella estaban Virginia, Elisa y Amanda, tres chicas de su clase que solo tenían tres intereses: la moda, los chicos y burlarse de todos los que no eran como ellas. Y, por supuesto, Sara, que siempre vestía ropa deportiva, y no precisamente de la cara, y que siempre iba con un balón entre los pies, solía ser uno de sus blancos más frecuentes.

—Vaya, vaya, querida, te vas superando —dijo Virginia, sacudiendo su media melena, negra y brillante—. Ahora andas buscando a más niñas raritas como tú. ¿Qué será lo próximo? ¿Montar un equipo de lucha libre?

Y las tres rieron como tontas.

—Piérdete, Virginia —gruñó Sara.

Pero la otra no iba a dejar escapar a su presa

tan fácilmente, y menos delante de tanto público:

—Es que me da pena que haya chicas como tú... —dijo con una sonrisa hipócrita—. Tan marimachos... Pero en el fondo te comprendo: no tienes la suerte de ser tan mona, elegante y popular como nosotras...

—Y menos mal —replicó Sara—. Creo que vomitaría de asco.

Las tres dejaron de reírse. Virginia la miró con rabia.

—Qué estúpida —dijo—. En el fondo te mueres de envidia.

Y las tres giraron sobre sus talones y se marcharon, sin dignarse mirar atrás.

Aquella tarde, la cancha de fútbol estaba muy animada. No menos de veinticinco chicos, de edades comprendidas entre los doce y los quince años, hacían ejercicios de calentamiento o trotaban detrás de un balón. Había más gente que el día anterior; se había corrido la voz, y los últimos despistados habían acudido a las pruebas de selección aunque no se hubiesen presentado a la reunión previa.

Los gemelos peloteaban con uno de los balones del almacén. Lucas lanzaba alto, mientras Mateo intentaba rematar de cabeza. Uno de los pases se fue demasiado lejos, y la pelota se alejó botando hasta la grada, donde tropezó con los pies de un chico que parecía ser el único que no estaba interesado en lo que se cocía allí. Estaba inmerso en la lectura de un cómic, y ni siquiera la presencia del balón logró distraerle. Por detrás de las páginas lo único que asomaba de él era la parte superior de su cabeza, de pelo rubio oscuro, liso, que iba necesitando ya un buen corte.

Mateo se acercaba corriendo a recuperar la pelota; pero al ver al chico se detuvo, algo inseguro.

—¡Eh, tú! —lo llamó desde lejos—. ¡Pásanos el balón!

El otro no se molestó en levantar la cabeza del cómic.

—Ven tú a buscarlo —le respondió con calma.

Mateo se lo quedó mirando, con los brazos en jarras, sin dar crédito a sus oídos.

—¿Me tomas el pelo o qué?

—No, hablo en serio.

Lucas se acercó a su hermano.

—¿Qué pasa?

—Que ese no nos quiere devolver el balón.

Lucas sonrió, olisqueando bronca.

—¿Ah, no? Pues le daremos una lección.

Afortunadamente, en aquel momento llegó Bruno corriendo.

—¡Hola! —saludó sin aliento—. ¡Buf, creía que no llegaba! —Miró a su alrededor, inquieto—. ¿No ha llegado Eloy todavía?

La pregunta de Bruno recordó a los gemelos por qué seguían en el colegio después de las clases: las pruebas de selección para el equipo. Enseguida se olvidaron del chaval del cómic para mirar a su alrededor.

En efecto, al profesor de gimnasia no se lo veía por ninguna parte.

—No, has tenido suerte —comentó Mateo.

Pero Bruno no lo escuchaba. Observaba, intimidado, al nutrido grupo de gente que se había reunido para presentarse a las pruebas.

—¿Habéis visto cuánta gente? —murmuró.

En aquel momento, un chico alto y atlético dribló a un compañero; avanzó con el balón y se detuvo un instante para encararse a otros dos, que trataron de quitárselo. Pero el muchacho, con un elegante movimiento, hizo volar el balón por encima de sus cabezas y los regateó con un impecable estilo. Bruno y los gemelos observaron boquiabiertos cómo, medio minuto después, clavaba un gol en la portería contraria sin que el guardameta pudiese hacer nada para evitarlo.

—Pero ¿quién es ese? —resumió Lucas los pensamientos de los tres—. ¡Si es un as!

—Creo que va a tercero —respondió Bruno—. Quizá a la misma clase que Roberto.

—Pues nunca ha venido a jugar con nosotros —comentó Mateo, pensativo—. Yo no tenía ni idea de que le diera tan bien al balón.

Bruno frunció el ceño.

—Bah, no es para tanto —masculló—. Seguro que es un creído que piensa que no merecemos estar en el mismo equipo que él.

—¡Los tres de la banda, a trabajar! —rugió una voz conocida—. ¡Quiero veros corriendo alrededor de la cancha YA!

Bruno y los gemelos dieron un respingo, sobresaltados. Inmediatamente, se apresuraron a reunirse con el resto del grupo.

Mientras, el chico de las gradas seguía leyendo su cómic, ajeno a todo. Solo levantó la cabeza cuando lo saludó una voz familiar.

—Hola, Sam, ¿cómo lo llevas?

Sonrió a sus amigos, Óscar y Jorge, que llegaban en ese mismo momento. Los tres eran físicamente muy diferentes. Mientras Sam era más bien canijo, rubio y con el pelo largo, Óscar llevaba gafas y le sobraban varios kilos, y Jorge, alto y larguirucho, era moreno y tenía el pelo cortado a cepillo. Sin embargo, los tres tenían aficiones similares, y ello se traducía en el modo de vestir, que era toda una declaración de intenciones. Sam solo se separaba de su vieja camiseta de Expediente X cuando no le quedaba más remedio, Óscar tenía toda una colección de prendas adornadas con calaveras y a Jorge le perdía la ropa que exhibía citas míticas de libros, películas o series de culto para el universo friki en general. Aquel día llevaba una camiseta con la cara del maestro Yoda y su célebre frase: «Hazlo o no lo hagas, pero no lo intentes».

—Eh, ¿qué tienes ahí? —quiso saber Jorge, señalando el balón.

—¿Eso? —respondió Sam echándole un breve vistazo—. No es mío; se lo han olvidado esos chulitos de la cancha.

—¿Los del equipo de fútbol? —dijo Óscar.

Jorge chutó el balón para devolverlo a su lugar.

—Bueno, pues ya no está —concluyó—. ¿Te vienes a ver una peli de terror? —le preguntó a Sam.

—¿Por qué no? —El chico se encogió de hombros—. Ya estaba harto de esos idiotas y su balón.

—Ni que tuvieras alergia al fútbol —comentó Jorge.

—Pues casi. —Guardó el cómic en su mochila y se levantó—. ¿Qué? ¿Nos vamos?

El Trío rodeó la cancha y avanzó en dirección a la puerta del patio, pasando frente a otro grupo que sí seguía con atención lo que sucedía en el campo de fútbol, pero que no podía intervenir. Indiferentes a las expresiones de preocupación de Sara y sus amigas, que habían ocupado el banco de siempre, Sam, Óscar y Jorge abandonaron el colegio, dejando a las chicas esperando un milagro que no se producía.

—Vendrá gente, ¿no? —dijo Vicky por enésima vez mirando su reloj.

Sara no le contestó. Se había quedado contemplando las evoluciones del chico al que Lucas había calificado de «as». Se movía por el campo sin problemas, regateando a unos y a otros, pasando el balón con una precisión impecable. Todo ello culminó con un potente disparo que acabó en gol.

—Sara, ¿me oyes? —protestó Vicky.

—A ese lo cogen seguro —comentó Eva, que también estaba pendiente del jugador misterioso—. ¿Quién es?

—Yo lo conozco —dijo Jessi—. Se llama Héctor, y va a mi clase.

—Pues es muy bueno. Ojalá fuera una chica —dijo Eva alegremente—. Así la ficharíamos para nuestro equipo.

—De momento, ya está en el de los chicos —murmuró Sara.

En efecto, la prueba de selección de Eloy había empezado, y era implacable. Los chicos se habían dividido en dos grupos y estaban jugando un partido. En aquel mismo instante, Héctor robaba un balón con insultante facilidad a un chico de primero, y la maniobra no pasó desapercibida al estricto profesor de gimnasia.

—¡Ibáñez, fuera! —declaró, y el chaval de primero abandonó el campo, abatido. No tardó en ser sustituido por uno de los que estaban en la banda.

Otro chico golpeó con excesiva fuerza el balón en un pase y este se fue demasiado alto.

—¡Sanmartín, fuera! —decretó Eloy.

Sara apartó la mirada de Héctor y se centró en su hermano. Bruno parecía inseguro; era evidente que no jugaba tan bien como algunos de los otros chicos, y temía que en cualquier momento Eloy pronunciaría su nombre para dejarlo fuera del equipo.

Se vio, de pronto, solo ante el portero con el balón entre los pies. Titubeó. Sabía que Eloy lo estaba mirando.

—¿Qué haces? —le gritó Lucas desde detrás—. ¡Chuta de una vez!

Bruno dudó. Vio que Héctor se acercaba por un lateral y optó por pasarle el balón a él, en lugar de tirar directamente a puerta. La opción no fue mala del todo; Héctor chutó y marcó.

Pero, desde aquel momento, Eloy no le quitó ojo de encima. Sara se dio cuenta enseguida de que el nerviosismo de Bruno iba en aumento. Tuvo ganas de gritar para animarlo, pero sabía por experiencia que si lo hacía, él se sentiría abochornado y se alteraría todavía más. De modo que murmuró para sí misma:

—Vamos, Bruno, que tú puedes. —Y rezó con todas sus fuerzas para que su hermano no metie-

Vamos, Bruno, que tú puedes.

ra la pata. Sabía que le hacía ilusión pertenecer al equipo, no ya solo por jugar al fútbol, sino, sobre todo, porque todos sus amigos iban a estar ahí.

Parecía que Eloy no sabía si mantener a Bruno en el equipo o descartarlo.

Justo entonces el chico recibió un balón.

Y, en ese preciso instante, sonó el móvil de Eloy.

—¿Sí? —respondió él, dándose la vuelta para hablar con un poco más de intimidad.

Bruno chutó la pelota, pero falló estrepitosamente y cayó al suelo. Por suerte, Eloy seguía hablando por teléfono y no lo había visto, y para cuando se volvió de nuevo el balón ya rodaba y Bruno estaba en pie otra vez. Sara respiró aliviada.

Eloy terminó de hablar, colgó e hizo sonar el silbato para indicar que el partido había terminado. Pronto, todos los chicos estuvieron reunidos en torno a él. Bruno parecía muy aliviado.

—Vamos a dejarlo por hoy —dijo el profesor de deporte—. Todavía no hay un equipo definitivo, pero los que os habéis quedado en el campo hasta el final tenéis muchas posibilidades de ser seleccionados. ¿De acuerdo?

Sara y sus amigas fueron testigos de cómo los chicos del futuro equipo iban abandonando el colegio, decepcionados los que no habían sido elegidos y sonrientes los que sí. Bruno charlaba con sus amigos, feliz, y ni siquiera reparó en su hermana, que seguía en el banco.

Las chicas esperaron un rato más, hasta que ya no quedó nadie en el patio.

—Creo que hoy no va a venir nadie, Sara —dijo entonces Jessi.

—Supongo que tienes razón —admitió ella abatida.

—No te preocupes —dijo Eva—. Seguiremos haciendo publicidad. Pondremos más carteles, lo diremos por las clases... Ya verás cómo a la próxima reunión sí vienen más chicas.

Sara suspiró, deseando que su amiga no se equivocara.

4

El incidente del gimnasio

Aquella noche, durante la cena, Bruno no paró de parlotear acerca del nuevo equipo de fútbol, y de lo cerca que estaba de pertenecer a él. Y eso no hacía sino hundir más a Sara. Su madre lo notó.

—¿Qué te pasa? ¿Por qué tienes esa cara tan triste?

—Porque a nadie le interesa su equipo de fútbol para niñas —dijo Bruno sin piedad.

—¡Eso no es verdad! —protestó su hermana.

—Sí lo es.

—No lo es.

—Síiii.

—Nooo.

—Bueno, callad ya los dos —cortó su madre—. ¿Qué es eso de un equipo de fútbol?

Sara la miró creyendo que contaba ya con su atención, pero ella estaba ocupada poniéndole bien el babero al bebé.

—Vamos a federarnos —anunció.

—¿Quiénes? —metió baza Bruno—. ¿Tú, tú y tú? ¡Ah, me olvidaba, y, por supuesto, tú!

—¡Cierra la boca! Ya somos cuatro, para que lo sepas.

—¡Ooooh! —se burló Bruno.

—Bruno, deja ya de pinchar a tu hermana —intervino su padre, severo; se volvió hacia Sara—. ¿Así que quieres formar un equipo de fútbol? —le preguntó.

Sara asintió. Sabía que su padre siempre la apoyaba en ese aspecto. De joven había sido jugador de fútbol profesional, y en la actualidad trabajaba como fisioterapeuta, por lo que seguía estando en contacto con muchos deportistas. Estaba muy orgulloso de que sus hijos siguieran sus pasos y no tenía ningún inconveniente en que a Sara le apasionara tanto el fútbol. Así que ella procedió a explicarle cómo estaban las cosas.

—Bueno, no te preocupes —la animó su padre—. A veces todo tarda en empezar a rodar. A mí también me costó encontrar un equipo cuando tenía tu edad, y ya ves, terminé jugando en la liga profesional...

—Sí, pero tú lo tenías más fácil. Después de todo, eres un chico. —Sara suspiró—. Ojalá yo hubiera nacido chico también, y Bruno fuera la niña de la casa —añadió, devolviéndole la pulla a su hermano.

—¡Oye! —protestó este; pero se calló al ver que su padre se había puesto muy serio.

—Nunca digas eso, Sara, Tienes que sentirte orgullosa de ser exactamente como eres. No hay ningún problema en ti, ¿vale? Es el mundo el que a veces está un poco loco, pero la única forma de cambiarlo es seguir siendo fiel a lo que eres.

—Y eres una buena jugadora —intervino su madre.

Sara sonrió. Recordaba que al principio a ella no le hacía gracia que jugara al fútbol. Como muchas otras personas, incluso como muchas madres, lo consideraba un deporte poco femenino. Sin embargo, había tenido que rendirse a la evidencia de que eso era lo que le gustaba a su hija y, aunque no siempre prestara atención a sus cosas, sí la apoyaba cuando realmente lo necesitaba.

—Gracias a los dos —dijo en voz baja.

—Además —añadió su madre alegremente—, seguro que tu padre no jugaba tan bien como tú cuando tenía tu edad.

—¡Eh! —protestó el aludido.

Se echaron a reír. El triunfo de Bruno había pasado a segundo plano, y el chico jugueteaba con su comida, molesto. Pero nadie se dio cuenta.

Al día siguiente, el colegio amaneció totalmente empapelado de carteles. Cientos de pequeñas pelotitas de fútbol acechaban a los alumnos desde las paredes. Había carteles en los paneles de anuncios y fuera de ellos; sobre las puertas y cubriendo todas las ventanas. Había carteles en los baños de las chicas y en todas las clases, en la cafetería, en los muros del patio, en el gimnasio y en la sala de música. Incluso se habían encontrado carteles en la sala de profesores. A lo largo de todo el día, en el recreo y en todos los descansos, se oyó el mismo anuncio por megafonía; así, a mediodía, cuando la voz de Sara resonó por el comedor, los alumnos ya estaban cansados de oírla.

—Buenas tardes a todos, chicos y chicas, pero sobre todo chicas —decía Sara por los altavoces—. Se está organizando un equipo de fútbol femenino para participar en la liga interescolar. Todas las interesadas pueden acudir a una reunión informativa el próximo viernes a las seis, en las gradas. Muchas gracias. ¡Ah! Y que aproveche.

—Jo, qué pesada —comentó alguien—. Es la séptima vez que da el aviso hoy.

—¿Solo lleva siete? —se oyó otra voz—. Yo he contado doce.

Ajena a todo ello, Sara seguía con su campaña. Había pedido a los profesores que lo anunciaran en sus clases, y los que así lo hicieron se encontraron, sin embargo, con que a aquellas alturas todo el colegio ya estaba informado.

Pero Sara no se rendía. En los días siguientes, Vicky y ella abordaron a todas las chicas en los recreos hablándoles de su equipo de fútbol, pero siempre las despachaban con todo tipo de excusas.

Vicky había confeccionado una nueva lista. La llamaba la LISTA DE POSIBLES CANDIDATAS, y se diferenciaba de la otra en que a la LISTA DE JUGADORAS

ON AIR
FEMENINO
TABLÓN DE ANUNCIOS
¡EQUIPO!
FEMENINO
¡EQUIPO!
FEMENINO
¡EQUIPO!
FEMENINO
¡EQUIPO!
FEMENIN
¡EQUIPO!
FEMENINO
¡EQUIPO!
¡EQUIPO!
FEMENINO
Qué pesada.

había que ir añadiendo gente, mientras que de la nueva no paraba de tachar nombres.

Preocupada por el tema, se le ocurrió sacar su libreta durante una clase de gimnasia.

Compartían el gimnasio con un grupo de tercero; Eloy los había dispuesto en dos grupos, chicos y chicas. Así, mientras ellos se esforzaban en pasar la escalera horizontal, a ellas les había tocado saltar el potro. Mientras esperaban en la cola a que les llegase su turno, Sara y Vicky seguían con el pensamiento puesto en su equipo de fútbol.

—Veamos —estaba diciendo Vicky mientras consultaba su LISTA DE POSIBLES CANDIDATAS—. Treinta y siete nos han dicho que ni muertas, veintidós simplemente que no, siete nos han mandado a paseo, cuatro se lo van a pensar... y solo una parecía interesada.

—¿Quién?

—Carla, de 2.º B.

—No sabía que jugara al fútbol —comentó Sara.

—Es que no juega —respondió Vicky consultando sus notas—. Pero es deportista. Dicen que fue campeona regional de gimnasia rítmica, pero que ya no compite, nadie sabe por qué.

—¡Sara y Vicky! —tronó la voz de Eloy sobresaltándolas—. ¡A la fila, gandulas!

Vicky se apresuró a guardar su libreta en el bolsillo trasero del pantalón y ambas echaron a correr hacia la cola de chicas que esperaban para saltar el potro.

Solo una se había quedado con la espalda apoyada en la pared, en ademán desafiante, como si lo del potro no fuera con ella. Eloy la vio y se plantó a su lado en dos zancadas.

—A saltar el potro, señorita Alejandra —ordenó.

Alex alzó hacia él la mirada de sus ojos oscuros.

—No soy una señorita —replicó—. Y no me gusta saltar el potro. Yo quiero hacer la escalera horizontal.

Eloy frunció el ceño. No estaba acostumbrado a que sus alumnos le replicasen; la mayoría de ellos le tenían terror, y los que no, por lo menos le hablaban con el debido respeto. Pero Alex seguía mirándolo fijamente, sin pestañear.

—Para eso se necesitan brazos fuertes —gruñó Eloy—. No es un ejercicio para señoritas como tú. —Remarcó la palabra «señoritas» para que le quedase claro.

Sin embargo, Alex le replicó desafiante:

—Ya lo veremos.

Y, ante la sorpresa de toda la clase, se abrió paso a empujones hasta el primer puesto de la fila de chicos. En aquellos momentos, Mateo ya estaba preparándose para hacer el ejercicio, pero Alex lo apartó con brusquedad y ocupó su lugar.

—Quita de ahí —le ordenó.

—¡Oye! —protestó él—. Pero ¿qué te has creído?

Ella no le hizo caso. Tomó impulso, saltó y se colgó de la escalera con la agilidad de un mono. Después, y ante la estupefacta mirada de sus compañeros, recorrió la escalera horizontal sin ningún problema. Al finalizar, se dejó caer al suelo y, con los brazos cruzados, dirigió a Eloy una mirada desafiante.

—Brillante —comentó el profesor con sarcasmo—. De modo que la señorita Alejandra cree que puede hacer las mismas cosas que un chico. Seguro que estará encantada de demostrárnoslo a todos. ¡Roberto! —llamó.

Reinó un silencio sepulcral en el gimnasio mientras el chico se adelantaba ante la llamada de Eloy. Empezaban a comprender cuáles eran sus intenciones, y algunos miraron a Alex de reojo. Pero ella seguía sin mostrar la más mínima vacilación.

—Colocaos cada uno en una escalera —ordenó Eloy, exhibiendo una sonrisa de tiburón.

Roberto obedeció. Alex frunció el ceño; pero, consciente de que todos estaban pendientes de ellos, avanzó un par de pasos hasta situarse bajo la otra escalera.

—A la de tres —dijo Eloy—, diez vueltas completas.

Los alumnos murmuraron por lo bajo. Roberto era el más fuerte de todas las clases de tercero y, por supuesto, tampoco en segundo le tosía nadie; presumía de no haber perdido nunca un pulso, y no lo decía en balde. Si bien no era muy brillante en los estudios, siempre sacaba muy buenas notas en educación física porque tenía unos músculos a prueba de todos los ejercicios que Eloy planteaba. Quizá Alex fuera más rápida que él; pero ¿lo ganaría en resistencia? ¿Sería capaz de aguantarle diez vueltas seguidas en la escalera?

Con el corazón en vilo, chicos y chicas aguardaron, expectantes, a que Eloy hiciera sonar su silbato. Y cuando lo hizo, y Alex y Roberto saltaron para engancharse a las escaleras, el grupo estalló en un coro de gritos de ánimo.

Aunque la mayoría de las chicas no tenía ningún problema en dedicarse a saltar el potro, a todas luces un ejercicio bastante menos agotador que recorrer la escalera horizontal, animaron a Alex, admirando su valor. Y a pesar de que muchos chicos reconocían interiormente que ella no se merecía semejante humillación, también eran conscientes de que, si ganaba al mejor de los chicos, serían ellos los humillados, de modo que corearon el nombre de Roberto mientras los dos recorrían ágilmente la escalera.

Al principio, la cosa pareció estar bastante igualada, y Alex incluso sacó un poco de ventaja, completando la primera vuelta un par de segundos antes que Roberto. Sin embargo, después de seis vueltas el cansancio empezó a hacer mella en ella. Roberto la superó entonces; seguía avanzando a la misma velocidad, realizando el ejercicio tranquilamente, sin agobiarse ni agotarse.

A la octava vuelta, Alex se detuvo. Hizo un heroico esfuerzo por continuar, pero se la veía cansada. Avanzó tres o cuatro peldaños más... y, entonces, una de sus manos se soltó de la escalera.

Al tratar de engancharse de nuevo, hizo un giro brusco, la otra mano resbaló también... y cayó al suelo.

Aterrizó suavemente, flexionando un poco las rodillas y separando los pies para mantener el equilibrio. Hubo un breve silencio y entonces, todas a una, las chicas aplaudieron su esfuerzo.

Roberto terminaba en aquel momento su novena vuelta. A pesar de que ya había ganado, continuó hasta completar la décima. Cuando llegó al extremo de la escalera se dejó caer y levantó los brazos para ser vitoreado por los chicos. Y hubo algunos hurras y aplausos, pero tibios. Todos estaban pendientes de Eloy y de Alex.

Ella había alzado la mirada hacia el profesor, que seguía sonriendo, seguro de su victoria.

—Bien, señorita Alejandra —dijo en voz alta para que todos lo oyeran—. Ha quedado demostrado que no puedes compararte con un chico.

Aquello era terriblemente injusto, y todos lo sabían. La mayoría de los chicos presentes también habría perdido en una carrera contra Roberto. Y muchos eran conscientes de que no habrían sido capaces de superar a Alex de haber sido elegidos por Eloy para competir contra ella.

Alex, sin embargo, no dijo nada. Apretaba los dientes y se mantenía en el sitio, erguida, serena y orgullosa, aunque las mejillas le ardían de rabia y de vergüenza.

—Así que supongo —prosiguió Eloy— que ahora estarás ya dispuesta a saltar el potro, como todas las demás, ¿no?

Alex no replicó. Levantó la cabeza, muy digna, y se dirigió a la puerta del gimnasio.

—¡Y por haberme replicado en mi clase —gritó Eloy tras ella— estás castigada a ordenar el almacén del material después de clase! ¿Entendido?

Ella no dio muestras de haberlo oído; pero el vozarrón del profesor había resonado por toda la sala, así que tenía que haberse enterado. Sin embargo, no se detuvo, ni se volvió, sino que salió del gimnasio y cerró la puerta de golpe.

Nadie se atrevió a hacer ningún comentario. Nadie se movió tampoco hasta que Eloy giró sobre sus talones y los barrió con la mirada.

—Y vosotros, ¿qué hacéis ahí pasmados? ¡Ya está bien de tonterías! ¡Volved al trabajo de una vez!

Sara y Vicky se apresuraron a colocarse en la

cola para saltar el potro. Las dos chicas todavía estaban tratando de asimilar lo que acababan de presenciar.

—Si después de esto las chicas no nos apoyan, es que son más tontas de lo que yo pensaba —comentó Sara en voz baja.

—No creas —respondió Vicky en el mismo tono—. Muchas de ellas prefieren seguirle la corriente a Eloy porque así trabajan menos en clase. Yo creo que, si fuera por él, las chicas no haríamos gimnasia. Quizá nos pondría a todas a hacer aerobic...

—... o ballet...

—... pero nada de deportes «de chicos», como el fútbol, las artes marciales...

—Muy bonito —sonó tras ellas, de pronto, la voz de su profesor de deporte, sobresaltándolas—. De modo que las futuras estrellas del balón se sienten demasiado importantes para saltar el potro como el resto de los mortales...

—De las mortales, querrá decir —se le escapó a Vicky.

—Ah, ¿así que tú también crees que eres mejor que Roberto en la escalera horizontal?

—¡No, no, qué va! —se apresuró a responder la

chica, que no tenía la menor intención de ser humillada en público.

—Nosotras no nos creemos demasiado importantes —terció Sara—. Solo estábamos...

—A callar —cortó Eloy—. Me parece que ya sé quién va a ayudar esta tarde a la señorita Alejandra a ordenar el almacén del material.

Ninguna de las dos se atrevió a replicar, aunque en sus caras se leía la poca gracia que les hacía quedarse castigadas después de las clases.

El almacén de material deportivo era una caseta construida en una esquina del patio. Solía estar cerrada con llave, y todo el que quisiera sacar de allí balones, colchonetas o cualquier otra cosa tenía que pedirle permiso a Eloy. Como todos los días se sacaban y guardaban trastos allí dentro, desde raquetas de bádminton hasta aros de hula-hop, por norma general el almacén era más bien una jungla donde lo mismo podías tropezar con una colchoneta que enredarte en una red de voleibol. Y aunque en teoría había un cesto para guardar cada cosa, era normal también que los balones de baloncesto se mezclaran alegremente con los de fútbol y hasta con aquellas pelotas tan pesadas que utilizaban para las pruebas de lanzamiento de peso.

Sara y Vicky dedicaron la tarde a colocarlo todo en su sitio. Con paciencia, desenredaron el nudo en que se habían convertido las combas; colocaron todas las colchonetas en un rincón, unas encima de otras; repartieron todos los balones en sus respectivas cestas, y hasta inflaron los que estaban deshinchados, que no eran pocos. Y todo ello lo hicieron aun sabiendo que una semana después el almacén volvería a estar en el mismo estado en que lo habían encontrado.

—... es por la ley de la entropía —filosofaba Vicky, mientras arrastraba la última colchoneta a su rincón—. El mundo tiende al caos, y este almacén, más que ningún otro sitio.

—¡Y la carota de Alex no ha aparecido! —masculló Sara, que apenas la escuchaba; estaba luchando con el hinchador, que parecía haberse atascado justo cuando se disponía a inflar el último balón de baloncesto.

—No seas malpensada —la reprendió su amiga—. Quizá le haya surgido algún imprevisto.

—Qué va, esa se ha quedado en casa —sentenció Sara, todavía peleándose con el hinchador—. Y ojalá Eloy se hubiese quedado en casa también. Solo de ver su cara ya me entra dolor de estómago.

—Pues ya puedes tomar antiácidos, señorita, porque vas a ver mucho mi cara durante todo el curso —tronó la voz de Eloy desde la puerta—. Tenéis suerte de que hoy tenga prisa —gruñó—, porque, si no, os haría remendar la red de voleibol. Terminad de una vez y largaos de aquí, que hay que cerrar.

Cuando el profesor se fue y los corazones de ambas chicas recuperaron su ritmo normal, se apresuraron a recoger sus cosas —Sara decidió «olvidar» aquel último balón— y a salir pitando del almacén.

Momentos después cruzaban la puerta del colegio. Para su sorpresa, encontraron a Alex aguardándolas fuera, con las manos metidas en su cazadora de cuero y la espalda apoyada en la pared, en aquel gesto característico de ella.

—Eh, tías —las saludó.

—¿Ahora llegas, cuando ya está todo hecho? —se enfadó Sara—. ¡Vaya morro que tienes!

—Corta el rollo. ¿Aún estáis con lo del equipo de fútbol, sí o no?

—Pues... —empezó Vicky.

—¡Claro que sí! —interrumpió Sara, dispuesta de pronto a perdonarle el plantón—. ¿Te interesa?

—Me interesa cualquier cosa que me digan que no puedo hacer —fue la respuesta de Alex—. Y ya estoy cansada de oír que las tías no podemos jugar al fútbol. Bueno, pues yo sí puedo, y mejor que muchos tíos. Y me pegaré con cualquiera que se atreva a decir lo contrario.

Parecía que lo decía en serio, por lo que Sara se apresuró a aclararle:

—Nos basta con demostrarlo en el campo. ¿Te apuntas, entonces?

—¿Dónde hay que firmar?

Vicky ya tenía la libreta en las manos y estaba dispuesta a anotar su nombre. Cuando lo hizo, visiblemente satisfecha, dijo:

—Ya estás más que aceptada. Pero aún necesitamos más gente, así que, si conoces a alguien que esté interesada...

—¿Por qué? —quiso saber Alex—. ¿Cuántas somos?

Previendo la respuesta de Vicky, Sara hizo ademán de taparle la boca, pero Vicky se apartó, suspicaz:

—¡Eh, no hace falta que hagas eso! —protestó—. ¡Ya me ha quedado claro que somos ocho!

Alex se quedó mirándolas un poco mosqueada. Sin embargo, y para alivio de ambas, renunció a tratar de averiguar más cosas sobre la verdadera composición del equipo y se limitó a responder:

—Bueno, de todos modos, contad conmigo.

Tener a Alex en el equipo no pareció mejorar mucho las cosas, al menos al principio. Ya eran cinco, y eso, como solía decir Eva, era mejor que ser cuatro. Por lo menos, y hasta que alcanzaran el número mínimo de jugadoras, podían dividirse para buscar más «recursos humanos», como decía Vicky.

De modo que, mientras Sara continuaba pegando carteles por todo el colegio, las otras cuatro chicas recorrían las aulas y los pasillos por parejas, acercándose a cualquier chica incauta que veían para preguntarle si por casualidad no le habían entrado unas ganas irrefrenables de pegarle patadas a un balón.

Alex se aplicó a la tarea con tanto entusiasmo que Eva tuvo que explicarle más de una vez que «convencerlas a toda costa» era una forma de hablar que, por supuesto, no incluía agarrarlas por el cuello y amenazarlas con partirles la cara de un puñetazo.

Y, desde luego, la incorporación al equipo de «la bruta de Alex», como era conocida en algunos de los círculos femeninos del colegio, no contribuyó a mejorar la imagen del futuro equipo de Sara. Virginia y sus amigas seguían riéndose de ellas y llamándolas «marimachos»... pero solo cuando «la bruta de Alex» no estaba cerca, por supuesto. Sin embargo, no era una situación agradable.

Y mientras tanto, el equipo de chicos seguía entrenando tranquilamente dos días por semana, bajo la supervisión de Eloy. Una tarde, mientras Sara, infatigable, seguía empapelando el colegio con sus ya conocidos anuncios, se le acercó Bruno, muy contento.

—¡Eh, Sara! ¿Sabes qué? ¡Al final me han cogido para el equipo! —anunció.

Ella trató de sonreír. Se alegraba por su hermano, claro, pero no lograba quitarse de la cabeza la idea de que aquello era una tremenda injusticia.

—¡Enhorabuena! —lo felicitó—. ¿Y de qué vas a jugar?

—Bueno... —Bruno pareció azorado—. En realidad, Eloy me ha dicho que aún tengo que mejorar mucho, y que al principio estaré en el banquillo. Pero por lo menos estoy dentro. En fin, te dejo, que tengo entrenamiento —añadió al ver que Eloy acababa de hacer su aparición en el campo de fútbol—. ¡Adiós!

Sara se despidió de él con un gesto y se dispuso a seguir pegando carteles. Pero de pronto ya no sintió ganas de continuar haciéndolo. Con un suspiro, guardó en la mochila todos los que le quedaban y decidió dejarlo por el momento y regresar a casa.

Habían hecho todo lo que estaba en su mano. Ya solo quedaba esperar a la siguiente reunión.

5

El desafío

Llegó el viernes por la tarde, día de la cita anunciada por los carteles que habían colocado por todo el colegio. Sara, Vicky, Jessi, Eva y Alex se encaminaron al campo de fútbol. Los chicos solo entrenaban los martes y los jueves; los lunes, miércoles y viernes el campo estaba ocupado por el equipo infantil, chavales de entre siete y once años que formaban otro de los equipos con los que el colegio pensaba participar en la liga interescolar. Pero los niños no habían llegado todavía, y por otro lado, Sara prefería que, si tenía que haber público en sus reuniones, por lo menos no fuese el equipo juvenil; la idea de que Héctor, los gemelos y compañía estuviesen pendientes de sus movimientos mientras trataban de formar el equipo femenino la ponía nerviosa. Los niños, por lo menos, se dedicaban a entrenar y no les prestarían atención.

Por esta razón, las cinco se habían apresurado a salir del aula al sonar el timbre, esperando poder llegar al campo antes de que empezaran los entrenamientos.

Así que les sorprendió comprobar que ya había gente esperándolas.

—¿Habrán venido por los carteles? —se preguntó Vicky en voz alta.

Pero Sara no quería hacerse ilusiones: ninguna de ellas tenía aspecto de deportista.

Eran cuatro chicas; dos de ellas vestían de forma similar y hasta lucían complementos a juego, por lo que Sara dedujo que eran hermanas. La tercera estaba algo rellenita y devoraba un gran bocadillo, y la cuarta era una chica de rasgos asiáticos menuda y vivaracha que no paraba quieta en el sitio.

Los dos grupos se encontraron junto a las gradas y se observaron con curiosidad.

—¿Queréis apuntaros al equipo de fútbol? —preguntó Sara sin muchas esperanzas.

—Claro, hemos venido a eso —dijo la pequeñita hiperactiva asintiendo enérgicamente.

—¡Genial! —exclamó Eva—. ¡Pues con todas vosotras, ya casi tenemos el equipo completo!

—No sé yo... —murmuró Alex por lo bajo.

Sara tampoco las tenía todas consigo. Mientras Vicky sacaba su libreta, ella empezó con la ronda de preguntas:

—¿Habéis jugado al fútbol alguna vez?

Las cuatro negaron con la cabeza.

—Está bien, pasemos eso por alto —suspiró Sara—. Me llamo Sara, y estas son Vicky, Alex, Eva y Jessi. Decid, ¿cómo os llamáis, y por qué habéis decidido venir?

Las primeras en hablar fueron las dos chicas que vestían a juego:

—Somos Ángela y Alicia —dijeron casi a mismo tiempo—, y queremos entrar en el equipo porque así podremos conocer a los chicos del equipo masculino.

—¿Qué? —soltó Sara, creyendo no haber oído bien.

—¿Acaso sois hermanas? —quiso saber Jessi, curiosa.

Ángela y Alicia cruzaron una mirada; parecían sorprendidas por la pregunta.

—No —dijo la primera—, somos amigas.

—¡Amigas del alma! —asintió Alicia.

Iban a añadir algo más, pero en aquel momento se oyó la melodía de un móvil, y las dos se apresuraron a sacar sus respectivos teléfonos y a responder a la vez:

—¿Diga?

Por lo visto, la llamada era para Ángela, por lo que Alicia colgó su móvil y volvió a guardarlo, mientras su amiga se enredaba en una animada conversación.

Algo perplejas, las integrantes del equipo optaron por pasar a la siguiente candidata.

—¿Y tú? —preguntó Jessi.

Ella dejó de masticar un momento para sonreír ampliamente.

—Yo me llamo Fani —dijo—. Estoy aquí porque el médico me ha aconsejado hacer deporte para adelgazar. Es para complementar el régimen, ¿sabéis?

Vicky señaló el enorme bocadillo de queso que se estaba comiendo Fani y preguntó, con curiosidad:

—¿Y eso es hacer régimen?

Ella pareció dolida y extrañada por la pregunta.

—Claro. Ya solo como el bocadillo, he dejado las chocolatinas y las patatas fritas.

Las chicas cruzaron una mirada. Ciertamente, a Fani no le vendría mal hacer un poco de deporte porque, de seguir así, terminaría por tener muchos problemas de salud cuando fuera mayor. Jessi se volvió entonces hacia la última de las cuatro chicas.

—¿Y tú eres...?

Ella logró quedarse quieta un momento y les devolvió una simpática sonrisa. Llevaba el pelo negro, corto, recogido en dos pequeñas coletas, lo que le daba un aspecto un poco infantil.

—Yo soy Carla —dijo—. Tampoco sé jugar al fútbol, pero he hecho deporte muchos años y quiero probar algo nuevo y seguir estando en forma.

—Esta es la campeona de gimnasia —le dijo Vicky a Sara en voz baja—. Te hablé de ella, ¿te acuerdas?

Sara asintió. Dedicó unas palabras a las cuatro chicas, agradeciéndoles que hubiesen acudido a la cita, y después reunió a sus amigas en torno a ella.

—¿Qué hacemos? —les preguntó.

—Deberíamos empezar ya con la selección, ¿no? —susurró Eva.

—¿Qué selección? —hizo notar Vicky—. Si son cuatro. Con todas ellas somos nueve, y aún nos falta gente.

Alex dejó escapar un resoplido despectivo.

—Pero si esas no han visto un balón en su vida.

Sara sintió que cuatro pares de ojos se clavaban en ella. Tenía que tomar una decisión. Suspiró y dijo:

—No nos queda tiempo.

—Entendido —asintió Vicky haciéndose cargo de la situación, y se volvió hacia las nuevas, que las miraban con expectación—. ¡Atended! —dijo—. La primera reunión será mañana por la mañana.

—¡Pero si es sábado! —exclamó Alicia sin poder creer lo que estaba oyendo.

—Ya sabemos que mañana es sábado, Ángela... —empezó Jessi.

—Alicia.

—... lo que sea. Pero hasta que empiece la liga interescolar, es el único día que el campo de fútbol está libre. Además, el colegio estará abierto, pero no habrá casi nadie en el patio, así que podremos entrenar con tranquilidad. ¿Estáis todas de acuerdo?

No hubo ninguna pega.

—Entonces —dijo Sara—, mañana mismo empezaremos a entrenar, así que no olvidéis traer ropa deportiva y... ¿sí? —preguntó al ver que la mano de Fani se había alzado en el aire—. ¿Qué pasa?

—Entonces, ¿me habéis cogido? —preguntó ella ilusionada—. ¿Estoy en el equipo?

—Sí, estamos todas en el equipo. Pero eso no significa que no haya que esforzarse. Si nunca habéis jugado al fútbol, tendremos mucho trabajo por delante.

A continuación, Vicky procedió a pedirles más datos a las nuevas jugadoras. Para cuando terminó de anotarlo todo en su libreta, la lista había quedado así:

Lista de jugadoras para el equipo de fútbol ~~de Sara~~

1. Sara (2.° C)
2. Vicky (2.° C)
3. Jessi (3.° A)
4. Eva (2.° B)
5. Alex (3.° B)
6. Ángela (2.° A)

7. ALICIA (2.º A)
8. FANI (2.º A)
9. CARLA (2.º B)

Vicky sonrió, satisfecha.

—Esto ya va pareciéndose a un equipo —comentó Eva—. Pronto hasta seremos capaces de jugar contra los chicos en un partido.

—No sé... —repuso Sara no muy convencida.

Y aunque Eva, fiel a su costumbre, seguía viendo solo el lado bueno de las cosas y trató de animarlas en el trayecto de regreso a casa, Sara seguía dándole vueltas a todos los problemas que sin duda iban a encontrar para entrenar a un grupo tan heterogéneo.

Por fin ha llegado el día del gran partido. Medio colegio ha acudido a ver a sus jugadores en acción. Gente de casi todos los cursos, desde los más pequeños hasta los mayores, abarrota las gradas, mientras chicos y chicas se disponen a enfrentarse en el duelo que decidirá cuál de los dos equipos será el oficial del colegio en la liga interescolar.

El árbitro pita el comienzo del partido. Eva pone en juego la pelota y hace un pase en corto a Sara, que avanza por el centro del campo hacia el área rival. Le sale al encuentro uno de los gemelos, tal vez Lucas o tal vez Mateo; Sara se detiene un momento para driblarlo, hace amago de escaparse y, cuando lo consigue, levanta la cabeza y ve que Ángela corre sola por la banda. De modo que le pasa el balón; la chica lo recoge sin problemas y avanza hacia la portería contraria, seguida muy de cerca por Alicia.

Sin embargo, en ese momento suena el timbre de un móvil y las dos se paran a la vez; de pronto están contestando al teléfono mientras el balón se les escapa...

—Pero ¿qué hacéis? —les grita Sara; ellas están charlando animadamente por el móvil y no le prestan atención—. ¡Que alguien recupere ese balón!

Por suerte, aquí llega Fani; se acerca a la pelota, que bota inocentemente hacia la línea de banda, y la recoge sin muchos problemas. Parece que el equipo de las chicas va a poder organizar su ataque al fin.

Sin embargo, cuando apenas ha avanzado un par de metros, Fani se detiene de pronto, mira el reloj y anuncia feliz:

—¡Hora de merendar!

Y se olvida del balón, que se le escapa, para dedicar

toda su atención a un apetitoso bocadillo que acaba de aparecer entre sus manos.

Antes de que Sara se desespere de nuevo, llega Vicky corriendo:

—¡Tranquila, que ya es mío! —anuncia con decisión, y echa la pierna atrás para chutar.

Pero no consigue acertar al balón, pierde el equilibrio y cae aparatosamente al suelo, golpeándose el trasero.

Para entonces, como no puede ser de otra forma, el equipo de los chicos ya ha recuperado el balón. El número nueve de la delantera rival avanza hacia la portería de las chicas, seguido por otros dos compañeros.

—¡Jessi! —advierte Sara corriendo tras ellos con todas sus fuerzas.

Ella ya se ha percatado de que pretenden atravesar sus dominios, por lo que se planta ante ellos, dispuesta a detenerlos... y cuando el número nueve trata de regatear para evitarla, Jessi se agacha, le roba el balón con las manos y se aleja, tratando de hacerlo botar como si fuera una pelota de baloncesto.

El jugador rival se ha quedado de piedra.

—¡Eh! ¿Se puede saber qué haces? ¡Eso no está permitido!

Sara reza por que no lo haya visto el árbitro. Todos

increpan a Jessi por romper las reglas, y ella, muy desconcertada, opta por pasar el balón.

La compañera más cercana es Carla, que recoge la pelota con un grácil movimiento —¡y también con las manos!— y se pone a hacer ejercicios de gimnasia rítmica en medio del campo, ante la atónita mirada de los demás jugadores. Tras un complejo movimiento que culmina con una voltereta, Carla se queda sentada sobre la hierba, con la pierna levantada y el balón de fútbol haciendo equilibrios en la punta de su pie. Entonces Héctor llega corriendo y aprovecha para robarle limpiamente la pelota, avanzando otra vez hacia la portería de las chicas.

Sara se desgañita chillando:

—¡¡Noooo, así no eeees!!

Pero cuando ve que Héctor está ya casi al borde del área grita a la defensa:

—¡Hay que pararlo a toda costa!

—¡Entendido! —asiente Alex.

Y se planta ante Héctor, que se detiene para tratar de regatearla. Alex, sin embargo, no le deja opción. Le asesta un formidable puñetazo en la cara, y cuando Héctor, aturdido, trata de recuperar el equilibrio y de defenderse a la vez, Alex le hace una llave de judo y lo tumba en el suelo.

En ese momento llega el árbitro corriendo, hacien-

do sonar su silbato y agitando en el aire una tarjeta roja; sin embargo, Alex no se deja intimidar. Cuando el árbitro llega hasta ella, le atiza un golpe en plena cara y lo tumba en el suelo a él también...

—¡Sara! —la despertó la voz de Vicky—. ¿Ya estabas soñando despierta otra vez?

La chica sacudió la cabeza, tratando de librarse de los restos de aquella horrible pesadilla. Lo primero que vio ante ella fue la cara de su amiga, que le sonreía.

Aún tardó un poco en situarse.

Era sábado por la mañana, y habían quedado en el colegio para su primer entrenamiento. Sara había llegado de las primeras y, mientras esperaba a que se reuniera todo el mundo, había ido hasta el almacén del material deportivo. Como ya había sospechado, se lo había encontrado cerrado. Se había sentado en el suelo, junto a la puerta, con la espalda apoyada en la pared, rumiando pensamientos a cual más negro sobre el equipo al que iba a tener la suerte o la desgracia de entrenar. Y allí la había encontrado Vicky un rato después.

Recordó de pronto qué hacía allí.

—Tenemos un problema —dijo levantándose—. Y es que no tenemos más balones que el mío y el de Eva.

Vicky sonrió con picardía.

—Eso no es un problema.

Alzó la mano para enseñarle a Sara un par de llaves que pendían de un pequeño llavero plateado.

—Mira, son del almacén. Digamos que «olvidé» devolvérselas a Eloy el otro día, cuando estuvimos ordenándolo —añadió ante el asombro de Sara.

—¿Y no las ha echado en falta? —preguntó ella sin saber todavía si debía alegrarse o preocuparse.

—Me imagino que sí, pero no me las ha pedido. No se acordará de que nos las dio a nosotras. Por lo que sé, ahora está usando las de repuesto, así que supongo que todavía estará preguntándose dónde las ha perdido. Pero, por si acaso, esta tarde las llevaré a que me hagan una copia y dejaré las originales en recepción el lunes por la mañana.

Sara sonrió de oreja a oreja.

—¡Vicky, eres grande!

Momentos más tarde ya habían sacado del almacén los balones que necesitaban y estaban todas reunidas en el centro del campo.

—¡Bien, veamos qué sois capaces de hacer! —estaba diciendo Sara—. Si al principio no dais una, no os preocupéis: habéis venido aquí para aprender. ¿Está claro?

Comenzaron haciendo ejercicios de calentamiento. El resultado no fue tan terrible como Sara había imaginado, pero desde luego, tampoco era como para tirar cohetes.

Corriendo alrededor de la cancha, Jessi demostró que estaba en forma, puesto que iba en cabeza todo el tiempo y cuando acabó ni siquiera parecía cansada. Sin embargo, Fani corría muy despacito, y en apenas unos minutos ya estaba toda roja, sudando y resoplando como una locomotora. No tardaron en adelantarla todas; Jessi lo hizo un par de veces.

A la hora de chutar a puerta quedó todavía más claro que la mayoría no había visto un balón de fútbol en su vida. Casi todos los lanzamientos se iban fuera; y Vicky, de una forma escalofriantemente parecida a como lo hacía en la imaginación de Sara, se cayó de culo cuando trató de darle al balón.

Hasta hubo problemas con las que sí sabían jugar: Alex disparaba tan fuerte a puerta que nadie estaba dispuesta a colocarse de portera por miedo a que le estampara el balón en la cara. Tras una breve discusión, Sara decidió dejar el ejercicio y empezaron con los pases.

Por supuesto, también les faltaba precisión a la mayoría de ellas. Para su sorpresa, resultó que Ángela y Alicia no lo hacían mal a la hora de pasarse la pelota: hasta ese punto estaban compenetradas las «amigas del alma». Sin embargo, al jugar un partidillo de prueba descubrieron que una vez cogían el balón, se limitaban a pasárselo la una a la otra sin contar con nadie más.

—Vamos a tener que trabajar mucho —murmuró Sara, después de ver cómo Jessi, moviendo los brazos como si estuviese jugando un partido de baloncesto, trataba de detener a Eva que avanzaba con el balón. No había terminado de hablar cuando Vicky, tras recibir el balón que acababa de pasarle Eva, volvió a caerse de nalgas por cuarta vez en lo que iba de entrenamiento.

—¡Solo es el primer entrenamiento! —oyó la voz de Eva, la incorregible optimista—. ¡Verás cómo dentro de poco ya no te caes!

Desde las gradas, Sam las observaba con cierta curiosidad.

El Trío se había reunido en el colegio aquel sábado para jugar a las cartas. Solían hacerlo a menudo: si el centro estaba abierto, aunque no hubiera clases se reunían allí para jugar a rol o echar una partida de *Magic* o de *Warhammer*. Nadie sabía por qué lo hacían. Oficialmente echaban pestes de la escuela siempre que tenían ocasión. Pero por alguna razón, parecían sentirse cómodos en sus instalaciones, quizá porque no había a su alrededor madres que curiosearan en lo que hacían y, fuera del horario escolar, tampoco los profesores les daban mucho la lata; o tal vez porque, como el colegio quedaba a medio camino de las casas de los tres y enfrente de unos recreativos, habían tomado por costumbre utilizarlo como punto de reunión.

Aquella mañana habían decidido aprovechar que el patio estaría casi vacío para jugar una partida de *Magic*. Por supuesto, los había sorprendido la reunión de chicas en la cancha de fútbol, pero tanto Jorge como Óscar se habían limitado a barajar las cartas y a empezar a jugar sin prestarles mayor atención.

—Ataco con el gigante de la montaña y el hombre-rata a la vez —estaba diciendo Jorge, muy satisfecho, recolocando sus cartas—. Eso hace picadillo a tu sierpe dragón, si es que te atreves a bloquearme con ella.

—Me atrevo, me atrevo —replicó Óscar, desafiante—. Y además sales perdiendo; le puse un conjuro de armadura de madera pálida hace dos turnos, y eso añade un punto de defensa por cada bosque que tenga... ¡y tengo cuatro! Así que suma y muerde el polvo...

—¡Maldita sea...! —Jorge se volvió hacia Sam buscando apoyo, pero se encontró con que su amigo seguía más interesado por lo que sucedía en el campo de fútbol que en la partida—. ¡Oye...! ¡Planeta Tierra llamando a Sam!

—¿Qué te pasa? —quiso saber Óscar cuando el chico volvió a prestarles atención—. ¡Creía que no te gustaba el fútbol!

—Y no me gusta, pero es que están haciendo cosas muy raras.

—Lo que están haciendo es el ridículo —sentenció Jorge—. Menuda pandilla de pringadas...

—Bueno —suspiró Sam, encogiéndose de hombros—, es su problema, supongo. ¿Por dónde íbamos?

—Acaba de perder un gigante de la montaña y un hombre-rata a la vez —se carcajeó Óscar.

—¿Qué? Pero ¿todavía no has derrotado a esa sierpe dragón?

—Tío, es que lleva un conjuro de armadura y no me había dado cuenta...

Momentos después, los tres habían vuelto a centrarse en la partida.

Entretanto, las chicas seguían entrenando. Tan concentradas estaban en tratar de darle bien al balón que no se dieron cuenta de que algunos integrantes del equipo masculino acababan de entrar en el patio y se habían quedado junto a la banda, observándolas.

—Eh, mirad, si son las futboleras —comentó Lucas burlón—. Qué gran equipo, ¿verdad?

—Sí, un equipo fuera de serie —coreó Mateo—. Yo no me atrevería a jugar contra ellas; igual hasta nos meten un gol. ¿Qué pensáis?

Los chicos se rieron sin piedad. Para entonces Sara y sus compañeras ya se habían dado cuenta de que estaban allí.

—Vaya, los que faltaban —murmuró Jessi preocupada.

—Pero si hoy es sábado —dijo Vicky en voz baja—. ¿Qué se supone que hacen aquí?

Héctor fue el encargado de despejar las dudas

acerca de sus intenciones. Se adelantó un par de pasos y anunció en voz alta:

—Tenéis cinco minutos para marcharos del campo: vamos a entrenar.

Sara se cruzó de brazos, desafiante, y replicó:

—Ni hablar. El patio es de todos, y nosotras hemos llegado antes.

Los chicos no respondieron; sin embargo, se los veía sonrientes, seguros de sí mismos. Y cuando Sara vio entrar a Eloy por la puerta del colegio momentos después, sus temores se hicieron realidad.

—Vamos, Sara, ahuecad el ala —fue lo primero que les dijo el profesor al verlas allí—. Tenemos entrenamiento.

—Pero... ¿hoy también? —protestó Sara desconcertada.

—Martes y jueves por la tarde y sábado por la mañana —informó Héctor sonriendo.

Las chicas miraron a Vicky.

—Bueno, ha sido un fallo técnico —se defendió ella—. Yo los veía entrenar entre semana por las tardes y no se me ocurrió pensar...

—Ya lo habéis oído —cortó Eloy—. Dejad libre el campo, que el equipo tiene que entrenar.

—¡Pero no es justo! —protestó Sara plantándose ante él con los brazos en jarras—. ¡Nosotras también somos un equipo!

—Permíteme que lo dude —fue la sarcástica respuesta.

—Pues cuando quiera se lo demostramos —replicó Sara.

Eloy sonrió.

—¿Estás segura? ¿En serio crees que podríais enfrentaros a mis chicos?

Sara sintió que Vicky le tiraba de la manga tra-

tando, sin duda, de impedir que dijera lo que estaba a punto de decir. Sin embargo, y a pesar de que casi podía sentir el miedo del grupo de chicas que aguardaba tras ella, respondió:

—Sí que lo creo. Y lo haremos... con una condición. Deme dos meses para preparar a mi equipo. Entonces nos enfrentaremos. Y si ganamos nosotras, tendrá que reconocernos como equipo oficial femenino del colegio, con los mismos derechos que los chicos.

Vicky movió la cabeza, preocupada. Las chicas intercambiaron rápidos susurros, alarmadas, mientras los chicos se reían entre dientes.

—Un mes —regateó Eloy.

—Pero...

—La liga interescolar empieza dentro de un mes —le recordó él antes de que Sara pudiese seguir hablando—. Entonces no tendremos tiempo para jugar contra vosotras. Y además, hasta que no me demostréis que sois un equipo no pienso inscribiros en la competición, así que os conviene daros prisa si queréis participar.

Sara meditó un momento.

—Dile que no... Sara, que no es buena idea... —murmuraba Vicky, pálida como un muerto.

Sin embargo, Sara asintió decidida.

—Muy bien —aceptó—. Un mes.

—¡Ja! —rió Eloy divertido—. Estás más loca de lo que yo pensaba.

—Y que lo digas —musitó Vicky abatida.

—Un mes y mi equipo ganará al de los chicos —ratificó Sara.

—Eso habrá que verlo —se burló Eloy.

Desde las gradas, los integrantes del Trío se habían olvidado por completo de la partida y, aún con las cartas en la mano, contemplaban la escena sin terminar de creerse lo que estaban viendo.

—No lo conseguirán —murmuró Jorge.

Sam se quedó mirándolas, pensativo. Finalmente, se encogió de hombros.

—No es asunto nuestro —determinó.

Y los tres volvieron a la partida, mientras las chicas abandonaban el campo, aún temblando, sin volverse a mirar a sus compañeros, que comenzaban ya el calentamiento.

6

Los Halcones

—Sara, sabes que no es una buena idea —dijo Bruno, preocupado—. Os vamos a machacar.

Ella no respondió. Seguía lanzando el balón contra el muro del parque. Chutaba, esperaba a que la pelota botara contra la pared, corría para interceptarla, volvía a chutar..., así una y otra vez. No era un gran entrenamiento, pero tiempo atrás, cuando aún no tenía amigos porque la familia acababa de mudarse de barrio, era la única forma que tenía de jugar al fútbol. Por aquel entonces, su padre había empezado a trabajar más horas que antes y solo podía practicar con ella los fines de semana; y su hermano aún era demasiado pequeño para saber acertarle al balón.

Así que Sara entrenaba con el muro, el único

que podía devolverle los balones que ella lanzaba, y esperaba, impaciente, a que su hermano creciera, a que su padre volviera a tener tiempo para ella, a tener un grupo de amigos en el barrio y un equipo de fútbol al que pertenecer. Suponía que era cuestión de tiempo, como todo, según su madre («cuando seas mayor» o «cuando crezcas un poco más» parecían ser sus frases favoritas).

Sin embargo, el tiempo había pasado; su padre no había vuelto a jugar con ella como antes, su hermano y sus amigos eran ahora sus enemigos y su equipo era un desastre.

De modo que Sara había vuelto al muro del parque. No es que fuera un gran compañero, pero al menos seguía devolviéndole los balones.

—Sara, ¿me estás escuchando? —insistió Bruno—. Todavía estáis a tiempo de volver atrás.

La chica chutó con fuerza y el balón fue demasiado alto; rebotó contra la pared y pasó por encima de su cabeza. Sara saltó para alcanzarlo, pero acabó en manos de Bruno, de modo que ella no tuvo más remedio que volverse hacia él y prestarle atención.

—No me vengas ahora de colega —gruñó—. Has estado de parte de ellos desde el principio.

—Porque son mi equipo. Pero no quiero tener

que ver cómo mi hermana hace el ridículo delante de todos.

—¿Y a ti qué más te da? —le espetó Sara furibunda, quitándole el balón—. Estás en el equipo, como querías, ¿no?

—¡Pero si ni siquiera sois bastantes! —insistió Bruno—. ¿Cómo pensáis jugar contra nosotros?

—Somos nueve. Tenemos un mes para encontrar a las dos chicas que nos faltan.

—En serio, Sara, no es una buena idea. Vais a hacer el ridículo. Si a ti te da igual, piensa entonces en las otras chicas.

—Bah —murmuró Sara dándole la espalda.

Volvió a chutar el balón contra el muro, ignorando a su hermano. Bruno se encogió de hombros y volvió a cargarse la mochila a la espalda:

—Bueno, tú piénsalo. Y espabila o llegarás tarde al cole.

Tenía gracia que Bruno hiciese de hermano mayor, pensó Sara. Pero no respondió ni se volvió para mirarle. Esperó a que se hubiese marchado para detenerse, recuperar su balón y coger de nuevo su mochila, que había dejado olvidada junto a un árbol.

Lo cierto era que no tenía ganas de ir a clase.

Era el primer lunes después del Desafío, como lo llamaban las chicas del equipo, y no estaba segura de querer enfrentarse a ellas. Vicky decía que se había precipitado, que era una locura. Bruno pensaba igual. Pero aunque perdiesen el partido, las consecuencias no podían ser tan malas, ¿no?

Sara suspiró. Iba a ser un día muy muy largo...

Las chicas del equipo caminan pasillo abajo. Saben que todo el mundo las está mirando, pero procuran no prestarles atención. Sin embargo, es difícil fingir que no oyen nada cuando todos están hablando de ellas.

—¿Las conocéis? Son esas inútiles del equipo de fútbol.

—¡Los chicos las ganaron por treinta a cero!

—Claro..., como no sabían ni darle al balón...

—Qué torpes. La verdad, fue patético.

—¿Sabéis que me pidieron que me uniera a su equipo? ¡Menos mal que les dije que no!

Sara da media vuelta, incapaz de mantenerse callada por más tiempo.

—Ya vale, ¿no? ¡Por lo menos jugamos el partido! Y eso es mucho más de lo que habéis hecho vosotros.

Todos se ríen a su alrededor.

–Para lo que hicisteis –dice alguien–, habría sido mejor que os quedarais en casa.

–Tienes toda la razón, jamás había visto un equipo tan malo.

–Sois unas matadas.

–No valéis para esto.

Las voces parecen venir de todas partes, y los rostros burlones de los chicos y las chicas del instituto rodean a las jugadoras, que retroceden asustadas. Pronto se sienten atrapadas en un corro de risas e insultos del que no pueden escapar.

–Torpes.

–Inútiles.

–Patosas.

–No servís para nada.

–Todo el colegio se ríe de vosotras.

–Habéis hecho el ridículo.

Sara siente que se hace cada vez más pequeña, más pequeña y más pequeña... Se acurruca contra sus amigas, que también están encogiendo. Pronto, el corro de rostros y voces crueles las hará desaparecer por completo...

—Sara...

La chica volvió a la realidad, aún algo aturdida. Frente a ella estaba la profesora de matemáticas, mirándola con gesto preocupado.

—¿Te encuentras bien? Estás pálida.

—... Ridículo —murmuró Sara.

Hubo algunas risas en el aula. La profesora frunció el ceño.

—¿Qué es lo que te parece ridículo?

Sara parpadeó, espabilándose del todo.

—¿Eh...? No, nada... Cosas mías.

Todavía se oían algunas risas cuando Sara volvió a concentrarse en su libro y en el ejercicio que tenía a medio hacer.

Pasó el resto de la mañana muy callada y pensativa. Vicky lo notó y trató de distraerla, pero Sara no parecía prestarle atención. Durante el recreo no hizo otra cosa que contemplar con aire melancólico a los chicos, que jugaban un partidillo informal, desde su banco de siempre.

—A veces me gustaría ser un chico —dijo a media voz.

Vicky le estaba hablando del capítulo de su serie favorita que había visto la noche anterior, pero calló de pronto ante la evidencia de que su amiga no la había estado escuchando. La miró, escandalizada:

—¿Un chico? —repitió—. ¡No sabes lo que dices! Los chicos son brutos y simples, y huelen mal.

Sara sonrió.

—¡Estás exagerando!

—Bueno, sí, un poco. Pero te he hecho sonreír. ¡Objetivo cumplido!

Sacó del bolsillo una pequeña agenda y la abrió por la página del día, donde tenía anotada la Lista de Cosas Que Tengo Que Hacer Hoy, que elaboraba todas las mañanas. Una de las tareas pendientes de la lista era «Hacer sonreír a Sara», y Vicky marcó una cruz en esa línea. Sara sonrió otra vez al verla.

—¡Ajá! —exclamó Vicky triunfal, y se apresuró a anotar una segunda cruz junto a la primera—. ¡Otro tanto para mí!

—Vale ya —la detuvo Sara, dándole un pequeño empujón amistoso—. Te agradezco tu intención, pero esto no va a hacer que juguemos mejor.

Vicky la miró. Su amiga había vuelto a ponerse seria.

—Sara, no te preocupes tanto —le dijo—. No es propio de ti. Más bien es propio de mí.

—No, si yo no tengo miedo. No me importa que podamos perder el partido. Pero estoy preocupada por las otras chicas. Las he metido en un lío y lo siento mucho.

—No voy a decirte que hiciste bien, Sara —respondió Vicky, guardándose la agenda en el bolsillo—. Metiste la pata al desafiar a Eloy, las dos lo sabemos. Pero ya está hecho, así que lo único que nos queda es entrenar para que el día del partido quedemos lo mejor posible. Y si tenemos que perder, al menos que sea con dignidad —añadió.

—¿Tú también has tenido pesadillas en las que perdemos por dos docenas de goles por lo menos? —quiso saber Sara curiosa.

—No, aunque sé que estadísticamente es lo más probable. Pero no te preocupes —se apresuró a decir, al ver que Sara volvía a ponerse triste—, aún tenemos un mes para mejorar nuestro juego, ¿no?

Le guiñó un ojo, y Sara sonrió por tercera vez. Vicky estaba a punto de volver a sacar la agenda para anotarlo cuando, de pronto, la voz del director sonó por los altavoces del patio.

—*Se hace saber a todos los alumnos* —anunció— *que hoy las clases de la mañana terminarán diez minutos antes para que podáis asistir a la presentación del nuevo equipo de fútbol del colegio*.

Desde la cancha, los chicos lanzaron hurras y vítores. Vicky y Sara cruzaron una mirada.

—No sé si tengo ganas de ir —se apresuró a decir Vicky.

—¡Pero no podemos perdérnoslo! —protestó Sara—. ¡Es importante que lo sepamos todo sobre nuestros rivales! ¡Tenemos que conocer al dedillo sus puntos fuertes y sus debilidades!

—Jo, Sara... —suspiró ella resignada.

Sacó otra vez la agenda y anotó «Ir a la presentación del equipo de fútbol de chicos» en su Lista de Cosas Que Tengo Que Hacer Hoy. Después, cuando creía que Sara no la estaba mirando, abrió su libreta e inauguró una nueva lista: Puntos fuertes y debilidades del equipo de chicos.

—Bueno —dijo Sara, volviéndose hacia ella y obligándola a cerrar la libreta a toda prisa—. A la salida veremos qué tienen que ofrecernos Eloy y sus esbirros.

—Te veo más animada —comentó Vicky—. Después de todo, puede que sí sea buena idea asistir.

—... Y es para mí un honor y un placer anunciaros a todos que por fin este instituto va a hacer realidad un proyecto que gracias a la iniciativa de Eloy, nuestro profesor de educación física, y al entusiasmo de estos muchachos...

Sara y Vicky se abrieron paso entre la gente que se había congregado en el campo de fútbol para ver la presentación del equipo. A pesar de las indicaciones de don Leopoldo, el director del colegio, nadie se había conformado con mirar desde las gradas, y ahora todos se agolpaban junto a la banda. Vicky localizó allí a Alex, a Jessi y a Eva y, seguida de Sara, se reunió con ellas.

—¿Nos hemos perdido algo? —preguntó.

—No —respondió Jessi—. Don Leopoldo lleva un buen rato hablando, pero no ha dicho nada importante.

—Para variar —gruñó Alex.

En el campo de fútbol, formando una fila junto a Eloy, estaban los miembros del equipo masculino de fútbol. Parecían muy orgullosos de sí mismos. Sonreían, confiados, exhibiendo su nueva equipación, blanca y azul.

El director, cuyos discursos tenían fama de ser largos y soporíferos, seguía hablando, al parecer sin darse cuenta de que estaba aburriendo al personal:

—... en pro del deporte porque, como ya sabéis, *mens sana in corpore sano...*

Alex puso los ojos en blanco.

—No soporto más a este tío —declaró; tomó aire y gritó—. ¡Corte ya el rollo, director! ¡Que no tenemos todo el día!

Enseguida sonaron más voces entre los alumnos:

—¡Queremos ver al equipo!

—¡Eso, eso, el equipo!

Don Leopoldo perdió el hilo y los miró entre molesto y desconcertado. No era la primera vez que lo interrumpían. Los alumnos de su colegio solían concederle unos minutos para que anunciara lo que tenía que anunciar, y siempre acababan por cortar su discurso si consideraban que se estaba alargando demasiado. Don Leopoldo no lograba acostumbrarse. Y, aunque era consciente de que siempre se iba por las ramas, era incapaz de abreviar, por mucho que lo intentara; quizá por eso le sentaba tan mal que lo interrumpiesen.

—Bien —replicó muy digno—. Pues eso era todo lo que tenía que decir. Cedo la palabra a Eloy, vuestro profesor de educación física, que...

—Gracias, señor director —se apresuró a cortar Eloy—. Y gracias a todos, profesores y alumnos, por haber acudido a la presentación de nuestro equipo de fútbol. Con todos vosotros, ¡los Halcones!

Los chicos del equipo saludaron mientras el público los vitoreaba. Las chicas se habían quedado de piedra, sin dar crédito a sus oídos.

—¿Halcones? —repitieron Sara y Vicky a la vez.

—¿Ha dicho Halcones? —se carcajeó Alex—. ¡Vaya horterada de nombre!

Pero el resto del público parecía satisfecho con el equipo y con su nombre, porque seguían aplaudiendo entusiasmados.

—¡Estos son los jugadores elegidos! —anunció Eloy—. En primer lugar, el capitán... ¡Héctor!

El jugador estrella de los Halcones se adelantó, sonriente. Lo recibió una fuerte ovación y muchos chillidos femeninos. Sara detectó un poco más lejos a Virginia y a sus amigas, que lo vitoreaban y trataban de atraer su atención con gritos como

AAAAHH
¡LUCAS Y MATEO!
¡ROBERTO!
¡HÉCTOR!

«¡Tío bueno!», «¡Macizo!» y cosas similares. Trató de contener la risa.

Mientras, Eloy seguía presentando al resto de jugadores:

—... ¡Roberto!

—¡Buuuh! —abucheó Alex; después de todo, Roberto la había dejado en ridículo en clase de gimnasia durante aquel duelo en la escalera horizontal.

Virginia y sus amigas volvieron a chillar emocionadas.

—Con permiso... Dejadme pasar... Gracias... Paso... Que voy... —oyó Sara que decía una voz tras ellas. Alguien la empujó, y ella protestó:

—¡Oye, ten más cuidado!

—Perdón —se disculpó el agresor. Pero se había salido con la suya, y Sara descubrió junto a ellas a tres chicos algo peculiares. Los conocía de vista: sabía que los llamaban el Trío y que iban a su mismo curso, pero nunca había hablado con ellos. Además, creía recordar que estaban en las gradas el sábado anterior, cuando ellas habían lanzado a Eloy el Desafío que tanto las preocupaba.

—¡Los gemelos, Lucas y Mateo! —estaba anunciando Eloy.

Los dos se adelantaron para recibir los aplausos.

—Bah, pero si solo es fútbol —dijo de nuevo aquella irritante voz junto a ella—. ¿Por eso montan tanto escándalo? Hay que ser realmente tonto para venir a ver a veinte tíos dándole patadas a un balón.

Sara se volvió, molesta. El que había hablado era uno de los tres chicos que acababan de llegar, el rubio con la camiseta negra con una enorme X verde. Naturalmente, se trataba de Sam, que se había acercado para curiosear junto con sus amigos, Óscar y Jorge.

—Oye, ¿se puede saber qué te pasa? —le increpó Sara—. Si no te gusta, lárgate, pero deja de dar la paliza. Ah, y a propósito: son veintidós tíos dándole a un balón, no veinte.

Sam se volvió para mirarla de arriba abajo, con una mirada de fría superioridad que a ella no le gustó ni un pelo.

—¿Vosotras sois las animadoras? —preguntó con calma—. ¿Dónde os habéis dejado los pompones?

—Pero ¡qué te has creído! —estalló Sara.

Alex avanzó un paso con cara de pocos amigos.

—Repite eso —lo desafió.

Jessi se las arregló para retenerla y responder al mismo tiempo:

—Nosotras somos el equipo femenino de fútbol.

—¡Ah! —respondió Sam—. Ya me acuerdo. Os vimos entrenar el otro día.

Sara intuyó que iban a burlarse de ellas y se preparó para replicar. Pero el chico se había puesto serio, y la mirada de superioridad había desaparecido de sus ojos, que ahora parecían mucho más amistosos.

—Pero Eloy no ha dicho nada de vosotras, ¿verdad? —hizo notar.

Las chicas se volvieron, todas a una, hacia el campo de fútbol. La primera parte de la presentación había terminado. Ahora, Eloy acababa de dividir al equipo en dos grupos de ocho y se disponían a jugar un partido de exhibición.

—Oíd, este tiene razón —dijo Alex—. Podría haber hablado de nosotras.

—Ya lo conoces —gruñó Jessi.

—Creo que ya hemos visto bastante —dijo Vicky—. Vámonos.

Sara, sin embargo, se había quedado mirando a los jugadores. En aquel momento Héctor avanzaba con el balón corriendo, rápido y elegante, a lo largo de la banda.

—¡Sara! —la llamó Vicky—. ¡Estás en las nubes! ¿Vienes o no?

—¿Eh? Sí, claro...

Se disponía a seguirlas, pero Sam la retuvo un momento por el brazo.

—¿Qué? —se volvió ella irritada.

El chico le sonrió.

—Nada —dijo—. Solo quería desearos buena suerte.

—Ah... —respondió Sara un poco cortada—. Pues gracias.

Las chicas desaparecieron entre la multitud. El Trío se quedó allí un momento más; Sam contemplaba a Sara, pensativo, mientras se alejaba hacia las gradas.

—¡Planeta Tierra llamando a Sam! —dijo Jorge—. ¡Oye! ¿Sigues con nosotros?

El chico volvió a la realidad.

—¡Claro! ¿Por qué lo preguntas?

—¿Se puede saber qué te pasa a ti con esa tía? —preguntó su amigo a su vez.

—¿A mí? —replicó Sam—. ¡No me pasa nada! ¿Qué insinúas?

—«Solo quería desearos buena suerte» —lo imitó Jorge con voz de falsete, mientras Óscar se echaba a reír.

—Bueno, sí, ¿y qué pasa? —se defendió Sam—. Van a necesitarla, ¿no? Además, la gente las mira como si fueran bichos raros. Como a nosotros —añadió a media voz.

Óscar y Jorge cruzaron una mirada. El primero llevaba ese día una camiseta negra con la imagen de un repulsivo muerto viviente y la frase Zombie Zone en letras de un color rojo sangriento. Jorge, por su parte, exhibía unos vaqueros viejos con rotos en las rodillas que le quedaban un poco cortos, y su camiseta mostraba un huevo del mítico Alien con el famoso lema de la película: «En el espacio nadie puede oír tus gritos».

—No lo entiendo, tío —dijo Óscar—. ¿Qué hay de raro en nosotros?

Aquella tarde, mientras el equipo infantil, que acababa de presentarse hacía un rato en un acto similar al que se había hecho por la mañana para los mayores, comenzaba su entrenamiento, Sara y sus compañeras se reunieron en la grada para empezar a organizarse. Sara llevaba la voz cantante, pero era Vicky la que había configurado el orden del día.

—Comencemos por el primer punto —anunció—. Entrenamientos.

—¿Cuándo, dónde y cómo? —añadió Sara—. Se aceptan sugerencias.

—Los Halcones entrenan todos los días, ¿no? —dijo Jessi.

Vicky consultó sus notas.

—El equipo juvenil entrena martes y jueves de seis a ocho, y el sábado prácticamente toda la mañana. Los niños entrenan lunes, miércoles y viernes, también de seis a ocho.

Las chicas callaron pensativas.

—El colegio cierra el sábado por la tarde, ¿verdad? —dijo Carla.

—Sí —asintió Vicky—. Una posibilidad es venir el sábado a entrenar antes o después de los chicos... Pero empiezan a las once y acaban a la una, y el colegio no abre nunca antes de las diez en fin de semana, así que no nos dejan muchas opciones.

—Además, hemos pensado que es mejor toparnos con los chicos lo menos posible —añadió Eva, y todas asintieron, conformes.

—¿Y si entrenamos después de las ocho? —sugirió Alicia.

—Sí, cuando terminen los chicos —apoyó Ángela—. Así los veremos a ellos, pero ellos no nos verán jugar.

Todas se las quedaron mirando.

—¿Y para qué queréis ver a los chicos? —preguntó Carla sin comprender.

Ángela y Alicia se habían puesto coloradas.

—¡Ah, es por Héctor! —sonrió Vicky—. ¿Os hace tilín? ¿O quizá Roberto? ¿O Carlos?

—Bueno, la verdad... —empezó Ángela.

—... ¡La verdad es que nos gustan todos! —terminó Alicia, dando un saltito emocionado.

—¡A ver, comportaos, que esto es serio! —cortó Sara, picada—. ¡Estamos en un equipo de fútbol, no en el consultorio sentimental de una de esas estúpidas revistas para chicas! ¿Queda claro?

—Sí, capitana —murmuraron las dos, avergonzadas.

—Volvamos al tema de los entrenamientos —sugirió Jessi—, o no vamos a sacar nada en limpio. Ángela, Alicia, ya hemos pensado en lo de entrenar después que los chicos. El problema es que cada vez anochece antes, y el campo no tiene focos. No podemos entrenar de noche.

—Se nos había ocurrido —dijo Sara— que podemos venir a entrenar antes de clase. No tendremos mucho tiempo entre que abran el cole y empiecen las clases, pero si lo hacemos todos los días...

—El colegio se abre a las siete —explicó Vicky—, pero nosotras no tenemos que estar en clase hasta las ocho. Si a las siete en punto estamos como clavos en la puerta, ya con la ropa deportiva y todo...

—¡Pero para hacer eso habrá que madrugar un montón! —exclamó Fani horrorizada.

Vicky suspiró.

—Ya lo sabemos.

—Nadie dijo que fuera fácil —añadió Sara—. Pero es que por el momento no tenemos otra opción. ¿Quién está conmigo?

Las chicas se miraron unas a otras. Vicky había levantado la mano, y Eva la imitó. Las siguientes fueron Jessi, Alex y Carla. Las demás dudaron un poco, pero finalmente se aprobó la propuesta por unanimidad.

—Siguiente cuestión —prosiguió Sara—. Tenéis que aprender las reglas del fútbol.

—¿Tenemos que estudiarnos algún manual? —quiso saber Fani.

Sara sonrió.

—No. ¿Alguna de vosotras ha visto alguna vez un partido de fútbol en la tele?

Todas levantaron la mano.

—Quiero decir entero —especificó Sara.

Excepto Eva y Alex, todas las demás volvieron a bajar la mano.

—Es que son muy largos —trató de justificarse Ángela.

—Y tardan una barbaridad en meter un gol —añadió Alicia.

—En eso os doy la razón —comentó Jessi—. En baloncesto es todo mucho más rápido y emocionante.

—Bueno, pero estáis aquí para aprender a jugar al fútbol —cortó Sara, que empezaba a enfadarse—, así que a partir de ahora espero que prestéis mucha más atención, ¿de acuerdo? Nos reuniremos todos los días en casa de una de nosotras para ver como mínimo una hora de fútbol, y sobre esos partidos os explicaré todo lo que sé sobre las reglas, desde la alineación hasta los tipos de faltas, pasando por cosas como el córner, los tiempos, el fuera de juego, el saque de puerta...

Las chicas asentían, pero Sara vio en los rostros de muchas de ellas que no tenían ni la más remota idea de lo que estaba diciendo.

—Y lo siguiente será aprender a controlar el balón —prosiguió—. De eso nos encargaremos en los entrenamientos. ¿De acuerdo?

Nadie respondió. Algunas parecían muy asustadas.

—En fin —concluyó Sara, tratando de no parecer demasiado severa—, va a ser un mes un poco duro, pero seguro que podremos arreglárnoslas, y además vamos a aprender un montón.

—Si tú lo dices... —murmuró Carla, no muy convencida.

7

La batalla por la cancha

Al día siguiente, a las siete en punto, cuando aún no había amanecido, las nueve integrantes del equipo se reunieron en el campo de fútbol. Vicky hizo uso de su copia pirata de las llaves del almacén, y ella y Sara sacaron varios balones.

Sin embargo, cuando llegaron al campo de fútbol se encontraron con que las chicas se habían quedado medio dormidas, tumbadas en las gradas, con las cabezas apoyadas en sus mochilas; Ángela y Alicia incluso se habían tapado con sus respectivas cazadoras a modo de manta. Hasta Alex se había dormido de pie, y roncaba apoyada contra el poste de la portería.

Vicky parpadeó perpleja.

—¿Les sacamos las colchonetas para que estén más cómodas?

Sara resopló, molesta, dejó caer todos los balones y gritó, con toda la fuerza de sus pulmones:

—¡¡¡¡ARRIBA TODAS, PEREZOSAS!!!! ¡¡ES HORA DE ENTRENAR!!

Las chicas se despertaron sobresaltadas. Menos de cinco minutos después ya corrían en torno a la cancha, aún aturdidas, mientras Sara las seguía de cerca, marcando el paso («¡Uno-dos, uno-dos, uno-dos!») para terminar de espabilarlas.

Dedicaron aquella sesión de entrenamiento a controlar el balón. Hicieron pases cortos y después Sara las hizo correr a lo largo de toda la cancha con el balón entre los pies. Alex y Eva, que ya sabían jugar, no tuvieron muchos problemas.

Pero a las demás se les escapaba la pelota constantemente, a pesar de que Sara seguía corriendo tras ellas diciendo: «¡Con-trol, con-trol, con-trol!».

Para cuando sonó el timbre que anunciaba el comienzo de las clases, las nueve avanzaban ya por el pasillo hacia sus respectivas aulas. Les había dado tiempo de cambiarse de ropa y asearse, y habían abandonado el campo antes de que empezara a llegar la gente.

—¡Esto marcha! —comentó Sara en el recreo, mientras ella y Vicky daban buena cuenta de su almuerzo en el banco de siempre.

—Uaaaah —bostezó Vicky, frotándose un ojo por debajo de las gafas—. Pues yo no sé si podré aguantar este ritmo todos los días, Sara.

—Tonterías, somos jóvenes y fuertes, y tomamos vitaminas en el desayuno, ¿sí o sí? ¡Ya verás cómo mañana estás como nueva!

—¡Mmm! No sé... —murmuró Vicky dudosa.

De modo que siguieron aquel plan de entrenamientos el resto de la semana. En días sucesivos ensayaron el toque de cabeza, el tiro a puerta, más pases, más control de balón, más tiros a puerta, un intento de aprender a driblar... Y por las tardes se reunían en casa de una de ellas, preferiblemente donde no hubiera padres a esas horas, y Sara llegaba con un DVD de la colección de vídeos de fútbol de su padre y les explicaba todo lo que sabía acerca de lo que estaban viendo.

Los primeros días todo fue bien, pero pronto comenzaron los problemas. A algunas de las chicas del equipo las riñeron por quedarse dormidas en clase. Otras empezaron a llegar tarde a los entrenamientos. A Alex la castigaron porque sus ronquidos en clase de inglés no dejaban hablar al profesor. El lunes ya faltaron un par de chicas, pero Sara decidió no darle importancia.

Sin embargo, el martes tuvo que admitir que su plan de entrenamientos no era tan brillante como había pensado.

Porque se encontró totalmente sola en el campo de fútbol.

Se sentó en las gradas a esperar a su equipo, pero dieron las ocho menos cuarto y aún no había aparecido nadie. Aguardó hasta el último momento; a las ocho menos diez seguía estando sola en el campo y no le quedó más remedio que admitir que esa mañana no habría entrenamiento. Así que fue a cambiarse de ropa, entre furiosa y decepcionada. Cuando llegó a su clase, el profesor ya estaba allí, por lo que se apresuró a ocupar su asiento y a echarle una mirada asesina a Vicky, que de pronto parecía muy concentrada en hacer los deberes de la asignatura siguiente. Sin embargo, durante el cambio de clases no pudo escaquearse. Sara la cogió del brazo y la obligó a mirarla.

—¡Puedo explicártelo! —se apresuró a decir.

—¡Clara! ¡Pues ya puedes ir empezando, traidora! —gruñó su amiga.

—¿Cómo que traidora? —se rebeló Vicky—. Solo he faltado un día, negrera. No creo que sea para tanto. No habéis suspendido el entrenamiento por mí, después de todo.

Sara la soltó y desvió la mirada, abatida.

—¿Lo habéis hecho? —dijo Vicky incrédula.

—Te has quedado durmiendo, ¿eh? —replicó Sara sin responder a la pregunta.

—Sí, ¿y qué? —admitió Vicky a la defensiva—. ¡Estaba agotada! No he hecho los deberes en toda la semana porque vuelvo a casa muerta de cansancio, y además estaba harta de quedarme dormida en clase... El otro día me quedé frita en lengua... ¡En lengua, Sara! ¡Imagínate cómo se puso mi padre!

El padre de Vicky era uno de los profesores de lengua y literatura del colegio. Precisamente por eso, aunque por lo general era bastante bonachón, a su hija solía exigirle más que a los demás para que nadie pensara que había favoritismos. Por fortuna, a Vicky se le daban bien las letras, y además era una excelente lectora, por lo que no solía tener problemas con la asignatura que impartía su padre. De todos modos, Sara comprendía que fuera incómodo para ella quedarse dormida en sus clases.

—Pues por lo visto, faltar al entrenamiento no era tan mala idea —respondió alicaída—, porque todas han hecho lo mismo que tú.

—¿Qué? ¿Cómo que todas?

Sara no se molestó en responder, pero la expresión de su rostro lo decía todo.

A la hora del recreo, Vicky aún seguía disculpándose, y Sara aún seguía sin dirigirle la palabra. Estaban sentadas en la grada mientras los chicos jugaban un partidillo informal. Aunque, a decir verdad, algunos de ellos no prestaban atención al balón, porque una chica espectacular, de largas piernas, piel morena y abundante melena rubia caminaba por la banda.

Por suerte para los jugadores, el siguiente balón que se les escapó fue a parar muy cerca de la chica rubia. Normalmente siempre remoloneaban a la hora de ir a buscar los balones perdidos, pero en esta ocasión todos se apresuraron a correr tras él. En menos de un minuto, medio equipo estaba ya en la banda, reunido en torno a la pelota... y a la recién llegada.

—Hola, Mónica —saludó Lucas zalamero—. ¿Me devuelves el balón? Es que lo he echado fuera y...

—¡Embustero, ese balón es mío! —saltó su hermano—. ¡Lo he sacado yo a la banda!

Héctor intervino para poner paz:

—Chicos, chicos, no molestéis a Mónica. —Se volvió hacia ella y trató de deslumbrarla con su mejor sonrisa—. No te asustes; en realidad son inofensivos. Nos alegra mucho verte por aquí. ¿Has venido a ver cómo jugamos?

Para decepción del capitán, y de los demás miembros del equipo, ella se limitó a responder bastante desconcertada:

—Pues... no... Solo pasaba por aquí.

Héctor intentó reaccionar:

—Pero te quedarás a ver el partido, ¿no?

—¿Qué partido? Si solo estáis peloteando, ¿no? Mira, perdona, pero es que tengo cosas que hacer. —Mónica se abrió paso entre los chicos con energía y elegancia—. Olvidaos de mí, ¿vale? —E hizo un gesto hacia ellos como quien espanta moscones.

Los chicos se quedaron mirándola mientras se alejaba, con una sonrisa estúpida en la cara.

También Sara la observaba, pensativa. Había escuchado toda la conversación y, aparte de reflexionar sobre lo patéticos que pueden ser los chicos a veces, algo de lo que había dicho Mónica había encendido una bombilla en su cabeza.

—Oye, lo siento, de verdad —repetía Vicky, ajena a la escena que se había desarrollado en el campo—. Pero bueno, ¿cuántas veces voy a tener que pedirte perdón?

Sara alzó la cabeza y exclamó de pronto:

—¡Pero ella tiene razón!

—¿Qué...? ¿Cómo...? ¿Quién tiene razón? ¿De qué estás hablando, Sara?

Ella señaló a la cancha, donde los chicos habían vuelto a su partido, sin duda con el pensamiento y el corazón todavía puestos en Mónica.

—Pero ¿es que no lo ves? ¡Están peloteando!

Vicky abrió la boca para responder que no veía qué tenía eso de particular, cuando la voz de Alex las interrumpió:

—Sara, Vicky, hemos estado hablando.

Las dos se volvieron a una. En efecto, allí estaba Alex, con los brazos cruzados en actitud desafiante, y eso le daba un aspecto todavía más amenazador que de costumbre. Tras ella aguardaban las demás chicas del equipo, intentando también poner cara de duras, pero con mucho menos éxito.

—¿Sí? —preguntó Vicky cautelosa.

—Y hemos decidido que así no podemos seguir —expuso Alex—. Tenemos que buscar otra hora para el entrenamiento o no vendremos más.

Vicky tenía que admitir que sus quejas eran razonables. Sin embargo, no tenía ninguna alternativa que ofrecerles.

Por suerte para el equipo, Sara acababa de encontrar una. Las miró a todas, sonriente, y anunció:

—¡Pero claro que tenemos otra hora! —dijo, y señaló a los chicos en la cancha—. ¿Cómo no se nos ha ocurrido antes?

La idea de Sara suponía entrar en conflicto directo con el equipo de chicos. Pero a aquellas alturas, se sentían ya tan ignoradas que no estaban dispuestas a renunciar a aquel pequeño espacio que les pertenecía también a ellas.

El primer acto de lo que más tarde fue conocido como «la Batalla por la Cancha» comenzó al día siguiente.

Por norma general, cuando sonaba el timbre del recreo, todos los alumnos salían de la clase en desbandada, dejando muchas veces al profesor con la palabra en la boca, empujándose en la puerta, incluso volcando alguna silla... No importaba cuántas veces insistieran los profesores en que el patio no se les iba a escapar aunque se lo tomaran con un poco más de calma, porque ellos nunca atendían a razones cuando se trataba del recreo, como si el timbre tuviese el mágico poder de convertirlos a todos en animales salvajes. Sin embargo, aquel día hubo gente, en varias clases, que se lo tomó con más urgencia que el resto. Corrieron para salir del aula nada más oír la primera nota del timbre, se adelantaron a todos y emprendieron una loca carrera por el pasillo.

Los demás, alumnos y profesores, se quedaron desconcertados, pero no le concedieron mayor importancia. Nadie se dio cuenta de que to-

das las que habían salido corriendo eran chicas. Las chicas del equipo de fútbol, para más señas.

El resto de los chicos y chicas de secundaria fueron saliendo al patio al ritmo habitual. Como todos los días, Héctor jugueteaba con el balón de fútbol, mientras cruzaba con sus amigos las bravuconadas acostumbradas:

—Hoy os machacaremos, seguro.

—Ni lo sueñes, tío. Antes de que suene el timbre os habremos marcado tres goles.

—Eso habrá que verlo.

—Pues ayer os ganamos por... ¡Eh! —Mateo chocó contra la espalda de Roberto, que se había parado en seco en la puerta de salida—. ¡Espabila y camina, que bloqueas el paso!

Roberto se retiró un poco para dejar pasar a los demás. Boquiabiertos, los chicos se apresuraron a correr al otro lado del patio para comprobar que sus ojos no los engañaban y que había ocurrido lo impensable.

El campo de fútbol ya estaba ocupado.

—Pero ¿qué...? —pudo decir Héctor, sin salir de su asombro.

Llevaban tres cursos seguidos jugando al fútbol en el recreo. Nadie, ni entre los pequeños ni entre los mayores, había osado nunca disputarles la cancha. Y ahora, de pronto, esta estaba ocupada por un grupo de... niñas.

—¡Eh, vosotras! —les gritó Mateo.

—¡Fuera de ahí, que vamos a jugar! —añadió Lucas.

Héctor reconoció a Sara entre las jugadoras. Y también a Eva y a Alex. Y comprendió lo que estaba pasando. Por supuesto, también intuyó, antes de que ellas plantaran cara, que recuperar el campo no iba a ser tan sencillo como los gemelos esperaban.

Sara acudió a su encuentro y se detuvo ante ellos con los brazos en jarras.

—¿Qué tripa se os ha roto? ¿Por qué gritáis como verduleras?

—Largaos de aquí —ordenó Mateo—. Vamos a jugar.

—Nosotras también vamos a jugar —respondió Sara tranquilamente—. De hecho, estamos jugando. Y como hemos llegado antes y no hay sitio para todos, tendréis que marcharos a otra parte.

—¡Pero nosotros somos el equipo de fútbol! —protestó Roberto.

—Sí, estamos enteradas —intervino Jessi—. ¿Y...?

—Pues que tenemos derecho a usar la cancha para los entrenamientos...

—Tú lo has dicho —interrumpió Sara—: para los entrenamientos. Pero esto es el recreo, y el campo de fútbol, en el recreo, es del que llega primero. Así que largaos y dejadnos jugar.

—¡Pero...!

—Dejadlo —cortó Héctor apretando los dientes—. Tienen razón.

Arrastrando los pies, los Halcones salieron del campo y se acomodaron en las gradas. No tuvieron más remedio que mirar cómo las chicas entrenaban en su cancha y les robaban su tradicional partido de la hora del recreo.

—¡Estoy harto de esas brujas —declaró Lucas—, siempre están fastidiando!

Bruno contempló la figura de su hermana, que corría por la banda mientras gritaba instrucciones a la chica que llevaba el balón. Ella y sus compañeras fingían que no notaban las miradas envenenadas que les dirigían los chicos, pero seguro que ya sabían, especialmente Sara, que no era conveniente hacerlos enfadar.

—Acabarán metiéndose en problemas... —murmuró, preocupado.

—No —lo contradijo Mateo—. Ya se han metido en problemas. ¿Verdad, Lucas?

—Una verdad como un templo —asintió su hermano con solemnidad.

Roberto jugueteaba con el balón, lanzándolo al aire y recogiéndolo con la cabeza sin que cayera al suelo.

—Vaya rollo —se quejó—. Yo quiero jugar. ¿No podemos hacer algo para echarlas de ahí?

Héctor, que seguía observando a las chicas, pensativo, negó con la cabeza.

—Lo único que podemos hacer es correr más rápido que ellas mañana.

Y así fue como estalló la Batalla por la Cancha. Al día siguiente, cuando sonó el timbre del recreo, no solo salieron corriendo las chicas del equipo de Sara; también lo hicieron los Halcones, todos ellos, desde cada una de sus clases. Se juntaron todos en el pasillo y emprendieron una desesperada carrera por llegar los primeros.

Chocando unos con otros, empujándose, dándose codazos, se precipitaron al patio y corrieron hacia el campo de fútbol. Jessi y Carla, las más rápidas, iban en cabeza, compitiendo con los gemelos y con un chaval pequeño, pero veloz, llamado Raúl. Detrás iban los demás, y en último lugar, a muchos metros de distancia, corría Fani, resoplando y gritando:

—¡Eeeeh! ¡Esperadmeeee!

Por suerte para Sara y sus amigas, fue Jessi la primera en alcanzar el campo de fútbol. En cuanto cruzó la línea de banda, gritó:

—¡La cancha es nuestra porque hemos llegado primero!

Los chicos se detuvieron en seco; gruñeron por lo bajo, decepcionados y molestos, y a alguno se le escapó un taco. Pero no tuvieron más remedio que quedarse mirando, por segundo día consecutivo, cómo las chicas ocupaban el campo y los dejaban a ellos sin partido.

Los días siguientes fueron parecidos. Nada más sonar el timbre del recreo, los chicos y las chicas de ambos equipos se echaban al pasillo en una alocada carrera por llegar los primeros. El lunes, fue Raúl el primero en alcanzar el campo y reclamarlo para los Halcones. El martes, en cambio, la ganadora volvió a ser Jessi, y el miércoles, Carla.

El jueves, los chicos empezaron a jugar sucio. Cuando Carla estaba a punto de llegar a la meta, Mateo le puso la zancadilla y la hizo caer al suelo, mientras Lucas se adelantaba y ocupaba el campo.

—¡Eso no vale, tramposo! —le gritó Sara furiosa, pero los gemelos se rieron.

—¡En la guerra todo vale, Sara! —replicó Lucas.

Sara frunció el ceño.

—¿Ah, sí? —murmuró—. Pues nosotras también sabemos jugar duro.

Y al día siguiente, cuando sonó el timbre del recreo, Alex entró en acción.

Hasta el momento se había limitado a correr como las demás, a pesar de que no era de las más rápidas del equipo. Aquella mañana, de acuerdo con lo que habían decidido el día anterior, dio más codazos y empujones de los acostumbrados; y, en el momento en que se precipitaron todos al patio, agolpándose en la puerta de salida, agarró a Raúl del cuello y tiró de él hacia atrás, haciéndole perder el equilibrio. Después, en una maniobra perfectamente calculada, dio a uno de los gemelos un empujón que lo dejó sentado en el suelo, y entonces, implacable, corrió a cazar al otro. Justo cuando estaba a punto de alcanzar el campo, le tiró de la camiseta con tanta fuerza que lo lanzó hacia un lado.

Quizá Alex no pudiera ganar a Roberto en la escalera vertical, pero a la mayoría de los otros chicos sí podía dejarlos fuera de combate si se lo proponía. Lucas trató de mantener el equilibrio, pero Alex lo empujó otra vez y lo derribó.

Para entonces, Jessi había alcanzado la cancha, seguida muy de cerca por Eva y Carla.

Los Halcones las miraron con odio.

—¡En la guerra todo vale! —se burló Sara.

Lucas se levantó, magullado. Le dolía la rodilla, pero jamás lo admitiría en público. Después de todo, había sido derribado por una chica, aunque fuera una mala bestia como Alex.

—No me lo puedo creer —gruñó Mateo, que llegaba también cojeando—. ¡Nos han vencido con nuestras propias armas!

No tardaron en apalancarse otra vez en las gradas, aburridos y de muy mal humor.

—Tíos, esto no puede seguir así —dijo alguien.

—No —reconoció Héctor—. Hay que hacer algo para echarlas del campo.

—Podemos decírselo a Eloy... —sugirió Roberto; pero Héctor negó con la cabeza.

—Él no puede hacer nada. Después de todo, tienen derecho a ocupar el campo en el recreo. Si hasta están usando los balones del almacén...

Como si se les hubiese encendido la bombilla de una idea luminosa, los gemelos abrieron mucho los ojos, cruzaron una mirada y dijeron a la vez:

—¿Los balones del almacén...?

Los dos sonrieron: la solución a sus problemas había estado a su alcance desde el principio. Sin dar explicaciones a sus extrañados compañeros, se levantaron de un salto y salieron corriendo en dirección al gimnasio.

8

Mens sana in corpore sano

Mientras tanto, ajenas a lo que se les venía encima, Sara y sus amigas seguían entrenando.

Hacerlo en el patio en pleno recreo no era precisamente cómodo. Había muchos curiosos observándolas, y eso hacía que algunas se pusieran nerviosas, especialmente las que aún estaban empezando. Para colmo, aquel día en concreto, Virginia y sus amigas se habían detenido junto a la banda y se reían de ellas sin disimulo.

—Mirad al equipo de marimachos del cole —se burlaba Virginia.

Nerviosa, Ángela falló un pase, y las tres se rieron aún más alto.

—¡No les hagáis caso! —recomendó Sara; furiosa, se plantó ante las tres chicas con los brazos en jarras—. ¿Y a vosotras qué os pasa? ¿No tenéis nada mejor que hacer que venir aquí a tocar las narices? ¿Tan triste y aburrida es vuestra vida social?

—¡Mira la mosquita muerta! —exclamó Amanda sorprendida.

—Todo es envidia —declaró Virginia muy digna—. No sé cómo te atreves a hablar de nuestra vida social... ¡Será porque tú no tienes! —concluyó, y las tres se echaron a reír otra vez.

Sara iba a replicar, pero Vicky tiró de ella y la apartó de Virginia y sus amigas con urgencia.

—¡Olvídalas! —le susurró—. Ahora tenemos problemas más importantes.

Y señaló al fondo del patio, por donde se acercaba Eloy a grandes zancadas y con cara de pocos amigos. Todos sus alumnos conocían aquella expresión, y lo que significaba: si se ponía rojo y fruncía el entrecejo era que estaba muy muy enfadado. Y se dirigía en línea recta al campo de fútbol.

Sara miró a su alrededor, preguntándose qué estarían haciendo mal. Descubrió a los Halcones en las gradas, y a los gemelos, que se reunían con ellos, aparentemente muy satisfechos de sí mismos. Pero no pudo deducir nada más.

Eloy se plantó en el campo de fútbol y gritó:

—¡¡Quiero hablar con la responsable de esto!! ¡¡Inmediatamente!!

Las chicas dejaron lo que estaban haciendo y se quedaron mirándolo, petrificadas de terror. Vicky y Sara tragaron saliva y se acercaron a él, despacio.

Eloy había cogido uno de los balones que estaban utilizando y lo había alzado en alto, mostrándolo por el lado en el que se veía la marca con el escudo del colegio. La ponían en todos los balones para que no se confundieran con los que traían los alumnos, y nadie se llevara a casa un balón del centro por equivocación.

—¿Qué significa esto? ¿Cómo habéis cogido los balones sin mi permiso?

Estaba prohibido utilizar el material del almacén fuera de las clases de gimnasia. Por lo que la gente sabía, el anterior profesor sí había permitido a los alumnos usar balones para jugar en el recreo, pero con la llegada de Eloy aquello se había terminado. Por un lado, la medida redujo el número de balones de baloncesto, fútbol o voleibol que se pinchaban, se extraviaban o se llevaban a casa «por error». Pero por otro, había obligado a los chicos y las chicas del colegio a traer sus propios balones si querían jugar en el recreo o después de clase.

Vicky y Sara no fueron capaces de hablar. Todo el mundo sabía que no se podía sacar material del almacén para jugar en el recreo. No tenían excusa.

La mirada de Eloy iba de una a la otra, esperando una explicación. Entonces frunció el ceño: acababa de recordar que una semana antes les había dejado las llaves para que ordenaran el almacén. Alargó la mano hacia ellas:

—Las llaves. Ya mismo.

Las dos amigas cruzaron una mirada, pero no había nada que hacer. Las habían pillado. Titubeando, Vicky sacó del bolsillo las llaves del almacén y se las entregó a Eloy, que cerró la mano, con rabia.

—La próxima vez que hagáis algo así iréis de cabeza al despacho del director, y me ocuparé personalmente de que se os abra un expediente.

—Pero es que los necesitábamos para entrenar... —trató de defenderse Sara.

—¡Silencio! —estalló Eloy—. ¡Esos balones son para las clases de educación física y los entrenamientos de los equipos oficiales del colegio! ¡Si queréis jugar en el recreo, traed vuestros propios balones!

—¡No tendríamos que jugar en el recreo si usted nos reconociera como equipo! —replicó Sara—. ¡Y no hace falta que nos envíe al despacho del director: iremos nosotras mismas para contarle todo lo que está pasando!

—¿Qué? —saltó Vicky, alarmada.

Pero Eloy solo se las quedó mirando impasible.

—Muy bien —aceptó—, id a hablar con él. Estoy seguro de que os escuchará con mucha atención.

Y, dando media vuelta, se alejó del campo, dejándolas a todas con la moral por los suelos.

Sara se quedó callada un momento. Después, con un suspiro, se volvió hacia sus amigas.

—Ya habéis oído: hay que recoger los balones y devolverlos a su sitio. Se acabaron los entrenamientos en el recreo.

Aunque no lo dijeron en voz alta, muchas se sentían aliviadas por no tener que volver a entrenar delante de tanta gente. Sin embargo, no se libraron de las últimas burlas de Virginia y sus amigas, ni tampoco de los abucheos de los Halcones desde la banda. Como siempre, los gemelos fueron especialmente crueles:

—¡Largaos a jugar con muñecas! —gritó Mateo.

—¡Eso, eso! —coreó Lucas—. ¡Si queréis perder peso, haced aerobic!

Fani se puso colorada, y Ángela no pudo aguantar más y se echó a llorar escandalosamente. Alicia, su amiga del alma, corrió a consolarla:

—No llores, Ángela... Ya verás cómo, en cuanto sepamos jugar bien, todos los chicos nos encuentran la mar de sexis...

Sara oyó el comentario y rezó por que no lo hubiese escuchado nadie más. Pero pronto tuvo que preocuparse de otro problema: Alex trepaba ya a la grada, dispuesta a darles una buena tunda a los gemelos y a todo el que fuera lo bastante osado como para desafiarla. Corrió tras ella, seguida de Jessi, Eva y Vicky, y entre las cuatro la agarraron justo cuando estaba a punto de lanzarse sobre Lucas:

—¡Repite eso si te atreves! —lo amenazó.

—Déjalo, Alex —suplicó Sara—. No nos conviene meternos ahora en problemas.

Bajaron de nuevo al campo, arrastrando a Alex tras ellas. En la banda se cruzaron con Mónica, que contemplaba la escena perpleja, y la saludaron con un lacónico «hola».

Los chicos, como de costumbre, fueron mucho más efusivos con ella:

—¡Hola, preciosa! —saludó Roberto, pero Mateo fue más ingenioso y le dedicó un piropo que había aprendido de su padre:

—¡Ponte a la sombra, bombón, que te vas a derretir!

Mónica, sin embargo, no estaba de humor para galanterías:

—¡Sois unos animales! —les echó en cara a todos en general—. ¿Se puede saber por qué las habéis tratado así?

—Pues porque ellas no son tan encantadoras como tú —respondió Lucas, bajando de un salto hasta ella y dedicándole su mejor sonrisa.

—¿Y cómo lo sabes? ¡Si ni siquiera me conoces!

—No necesitamos conocerte para saber que eres un encanto —añadió Mateo reuniéndose con ellos, pero para su sorpresa, Mónica se enfadó todavía más.

—¡Estúpido! —lo insultó; les dio la espalda y se alejó de ellos sin mirar atrás.

Los gemelos cruzaron una mirada y se encogieron de hombros.

—Si es que has sido muy brusco... —le recriminó Lucas a su hermano.

—¿Yo? La culpa es tuya, que no entiendes de mujeres.

Pero no siguieron discutiendo sobre el tema.

Las chicas abandonaron el campo de fútbol derrotadas. Vicky corrió para ponerse a la altura de Sara:

—Oye... Eso que has dicho de hablar con el director... no iba en serio, ¿verdad?

Ella se detuvo para mirarla, sorprendida.

—¡Pues claro que iba en serio! Don Leopoldo es una persona bastante agradable, y ya oíste lo que dijo el otro día en la presentación, lo de los cuerpos sanos y todo eso. Seguro que no está enterado de que Eloy nos boicotea. ¡Escuchad! —añadió volviéndose hacia sus compañeras—. Vicky y yo vamos a hablar con el director. ¿Alguien más se apunta?

—Paso —respondió Alex al punto.

—Mmm... creo que nosotras también —titubeó Alicia, mientras Ángela asentía enérgicamente.

—Oye, Sara, yo no sé si... —empezó Vicky, pero ella la interrumpió:

—¡O podemos hablar con tu padre! ¡Seguro que puede decirle tres cosas a Eloy!

—No-no-no. Mi padre no tiene nada que ver con esto —se apresuró a responder Vicky, alarmada—. Además, creo que él y Eloy no se hablan mucho...

—¿Quién es tu padre? —preguntó Jessi intrigada.

—¿No lo sabíais? —dijo Sara—. Vicky es la hija de Pedro, el de lengua.

Las otras la miraron sorprendidas.

—¡Vaya, no lo sabía! —exclamó Carla—. Oye, ¿no le puedes decir que sea un poco compasivo con mi último comentario de texto? Es que no estaba muy despierta cuando lo hice... Dile que soy compañera tuya del equipo... No, mejor aún: ¡dile que soy una de tus mejores amigas!

—A mí me suspendió el último examen —gruñó Alex.

—Pues a nosotros nos ha mandado leer un libro muy gordo para dentro de dos semanas —se quejó Ángela.

—Sí, de más de cien páginas —lloriqueó Alicia.

Vicky lanzó una mirada asesina a Sara.

—Vaya, muchas gracias por irte de la lengua —mascullló—. Está bien, te acompaño a ver al director, pero vámonos de aquí.

Se despidieron apresuradamente de las otras chicas y se encaminaron hacia el edificio en el que estaba el despacho del director. Jessi las alcanzó.

—Voy con vosotras —anunció—. Eva y Fani también querían venir, pero las he visto tan nerviosas que les he dicho que se vayan a clase. Con tres ya somos bastantes, ¿no?

El colegio tenía dos edificios colocados en forma de L. En uno de ellos, el más grande, estaban la mayoría de las aulas y la sala de profesores. En el otro había instalaciones como el gimnasio (en el sótano), las clases de los más pequeños, la sala de música, los laboratorios, el salón de actos, la secretaría y, por supuesto, el despacho del director. Así que cuando las chicas alcanzaron el piso correspondiente, lejos de la algarabía de las clases de los niños pequeños, un silencio absoluto las recibió y las hizo hablar en voz baja y caminar despacio. Ninguna de ellas solía ir allí a menudo, y aquel lugar las intimidaba.

Llegaron hasta la puerta del despacho de don Leopoldo y escucharon atentamente. Lo oyeron toser al otro lado, pero nada más. Perfecto: estaba dentro, y estaba solo. Tragando saliva, Sara llamó a la puerta.

Tras un breve silencio, se oyó la voz del director:

—¡Adelante!

Jessi abrió la puerta con cuidado y empujó. Las tres entraron con timidez, unas muy cerca de las otras.

—Buenos días, don Leopoldo —saludó Vicky enseguida.

—Ah... Violeta —sonrió el director, que siempre tenía problemas para acordarse de los nombres de sus alumnos.

—Es Vicky —lo corrigió ella, muy roja—. Y mis amigas son Sara y Jessi. Somos de 2.º C. Bueno, menos Jessi, que va a tercero.

—Entiendo —asintió don Leopoldo, aunque justo es decir que en realidad no entendía nada—. ¿Y a qué debo vuestra visita?

Trató de mostrarse amable porque las tres estaban temblando como flanes. Jessi, la mayor y la más madura, se adelantó un paso.

—Venimos a hablarle del equipo de fútbol, don Leopoldo.

—¿Del equipo de fútbol... de los Gavilanes?

—Se llaman Halcones, señor —corrigió Vicky, y Sara tuvo que contener una risita nerviosa—, pero en realidad nosotras venimos a hablar del otro equipo... del nuestro.

El director las miró sin comprender. Sara carraspeó para recuperar la compostura y decidió que ya era hora de intervenir.

—Queremos formar un equipo de fútbol de chicas —explicó—. Bueno, en realidad ya lo estamos formando, solo que Eloy, el profesor de gimnasia, no quiere ayudarnos. Dice que el fútbol no es cosa de mujeres, y no nos deja usar el material del almacén, ni tampoco nos permite entrenar en el campo de fútbol. —Había empezado en voz muy baja, titubeando, pero a medida que hablaba se fue acelerando, y Jessi tuvo que frenarla antes de que empezara a despotricar contra Eloy.

—Yo también pertenezco al equipo de baloncesto —la cortó—. Estamos federadas desde antes de que Eloy llegara, y, para ser honestos, la única razón por la que no disolvió nuestro equipo fue que acabábamos de quedar subcampeonas en nuestra categoría. —Lo dijo con serenidad, sin vanidad ni presunción—. El año pasado terminamos la liga en cuarto lugar. Los chicos del equipo masculino acabaron los quintos. Lo que quiero decir, don Leopoldo, es que las chicas sí podemos dar la talla y formar un buen equipo si se nos da la oportunidad.

Vicky la contempló con admiración y reprimió el impulso de sacar su libreta y anotar todo lo que había dicho, con puntos y comas.

—Además —añadió Sara—, usted dijo el otro día que *manzana in corpus sano*, ¿verdad?

—*Mens sana in corpore sano* —se apresuró a corregir Vicky, horrorizada ante semejante patada a la lengua latina—. Lo que quiere decir mi amiga, don Leopoldo, es que nuestra iniciativa es... esto... un proyecto saludable para... bueno, para todas nosotras... porque así hacemos ejercicio y... oh, no —se rindió, abrumada; había ensayado su discurso mientras subían la escalera, pero ahora se le había olvidado todo, y admiró aún más a Jessi por haber sido capaz de expresarse con tanta claridad.

—Entiendo —asintió el director, y hay que señalar que esta vez sí lo había comprendido todo, a pesar de las interrupciones y de los tartamudeos

de Vicky—. Sí, estaba al tanto de vuestro deseo de formar un equipo de fútbol. Eloy me lo contó.

Las tres lo miraron, mudas de sorpresa.

—¿Se lo contó...? —pudo decir Sara.

Don Leopoldo asintió.

—Me dijo también que no erais bastantes para formar un equipo. Que para inscribiros en la liga interescolar teníais que ser al menos quince. Y que a las pruebas para seleccionar al equipo masculino se presentaron treinta y cuatro chicos. —Las miró por encima de las gafas—. ¿Cuántas sois vosotras, Sandra?

—Sara —corrigió ella—. Pues... somos...

—Nueve —la ayudó Vicky con un hilo de voz—. Pero de verdad, don Leopoldo, nos estamos esforzando mucho. Hemos reunido a mucha gente en muy poco tiempo, y si nos dan la oportunidad...

—No dudo de que estáis muy ilusionadas pero, aun dejando de lado las ideas de Eloy sobre lo que las chicas pueden o no pueden hacer... El caso es que seguís sin ser bastantes y, aunque quisiera, no podría apuntaros a la liga.

—¡Pero estamos reuniendo gente! —replicó Sara—. ¡Y todavía tenemos tiempo para encontrar las suficientes jugadoras para apuntarnos a la liga!

—Y lo haremos —afirmó Jessi, muy serena—. El problema es que entretanto necesitamos entrenar, y no nos permiten disponer del campo de fútbol ni siquiera una tarde a la semana.

—De eso también estaba enterado, Jenny...

—... Jessi.

—... pero según tengo entendido, si no podéis entrenar es porque no hay días suficientes: el campo ya está ocupado por los entrenamientos de los equipos masculinos.

—¡Porque está hecho así a propósito! —estalló Sara—. Los dos equipos, el infantil y el juvenil, entrenan tres días a la semana. Les bastaría con dos días, y dejarnos otros dos a nosotras.

—En el equipo de baloncesto lo hacemos así —añadió Jessi—. Además, hace ya tiempo que propusimos, nosotros y nuestros padres, que se instalasen focos en el colegio para poder entrenar hasta más tarde. Tal y como están las cosas, los entrenamientos en invierno se nos quedan cortos porque se hace de noche enseguida. Con focos en el patio, tanto los equipos de fútbol como de baloncesto podríamos entrenar muchas más horas. Podría haber más equipos en todas las categorías, en realidad.

Don Leopoldo las miró a las tres, pensativo. Después se levantó y rodeó su escritorio para acercarse a ellas.

—Os prometo una cosa: si encontráis a suficiente gente, y si Eloy accede a inscribiros en la liga interescolar, yo mismo me encargaré de que tengáis los mismos privilegios que el equipo masculino: uso del campo, material y equipación. ¿Os parece bien?

Las tres chicas cruzaron una mirada.

—Verá, don Leopoldo, es que hay otro problema —se atrevió a decir Sara—. Eloy no nos apuntará en la liga a menos que ganemos a los chicos en un partido.

—¡Y por eso necesitamos entrenar, porque nuestro equipo está muy verde! —estalló Vicky, aterrorizada—. ¡Y si no podemos, nos darán una paliza, y no solo no jugaremos en la liga, sino que además todos se reirán de nosotras!

—Ya veo... —Don Leopoldo volvió a mirarlas, acariciándose la barbilla pensativo—. Me sorprende que esa idea del partido proviniese de Eloy...

Sara se puso colorada hasta las orejas.

—Ya veo —repitió el director, lanzándole una mirada penetrante—. ¿Os habéis comprometido ya a jugar ese partido?

—Me temo que sí —admitió Vicky entre dientes.

—Pues, en tal caso, tendréis que jugar. No podéis retiraros ahora, ¿no?

—Supongo que no —respondió Sara en voz baja—. Sé que hice mal, que no debí desafiar al equipo de chicos y comprometer a mis compañeras, pero de verdad, contaba con que podríamos entrenar igual que lo hacen los chicos.

—Bueno, si te precipitaste y metiste la pata, tendrás que asumir las consecuencias, ¿no? En fin, yo mantengo mi promesa: si reúnes un equipo, hablaré con Eloy y me encargaré de que tengáis la cancha. Pero en lo del partido no puedo ayudaros. Y ahora, tenéis que marcharos; me parece que el timbre hace ya rato que ha sonado.

Sabían que no valía de nada protestar, por lo que salieron del despacho cabizbajas y regresaron a sus clases.

A la salida se reunió todo el equipo en las gradas. Sara les explicó en pocas palabras lo que les había dicho el director.

—¡Qué buena noticia! —exclamó Eva, y todas la miraron como si fuese un extraterrestre.

—¿Dónde ves tú las buenas noticias? —gruñó Alex.

—Bueno, yo he entendido que el único problema es que no somos bastantes. Y que, si reunimos un equipo, el director nos apoyará para apuntarnos en la liga, para que tengamos un horario de entrenamientos y hasta equipación. ¿No es una pasada?

—¡Pero para eso necesitamos ser quince, no once, como había calculado yo! —se desesperó Vicky, pasando las hojas de su bloc de notas a toda velocidad.

—Y, sinceramente —añadió Alex despectiva—, como perdamos contra los chicos, no creo que haya muchas tías que quieran apuntarse a nuestro equipo.

Eso enfrió los ánimos de Eva, pero solo un poco.

—Bueno, pues entonces habrá que reclutar a más gente antes del partido —sugirió.

—Todo eso está muy bien —intervino Carla—, pero seguimos sin tener un sitio para entrenar.

Jessi frunció el ceño pensativa.

—Sara, recuerdo que una vez comentaste que cuando llegaste al cole no conocías a nadie y solías entrenar sola.

—Sí —reconoció ella—. ¿Y?

—Bueno, puede que te resulte una pregunta tonta a estas alturas, pero... ¿dónde lo hacías?

9

Un sitio perfecto para entrenar

Por la tarde, después de las clases, todas las chicas del equipo siguieron a Sara hasta el parque. Pronto descubrieron que aquel no era, precisamente, el lugar más apropiado para entrenar. La hierba estaba salpicada de montones de piedras y cacas de perro, y había árboles y macizos de rosales aquí y allá. Muy cerca del muro donde Sara solía pelotear pasaba un camino de tierra bastante transitado: gente que hacía *footing*, abuelos paseando, mamás con cochecitos de bebé...

—Como no tengamos cuidado al chutar, vamos a descalabrar a alguien —comentó Carla—. Sobre todo si es Alex la que chuta —insinuó, y ella le lanzó una mirada tan amenazadora que Carla corrió a esconderse detrás de Jessi, que era la más alta del grupo.

—¿Qué opinas? —le preguntó Sara a Vicky, que había inaugurado una Lista de Ventajas e Inconvenientes de Entrenar en el Parque.

—Bueno, no parece muy apropiado —reconoció ella—. ¿Es la única posibilidad?

—Ya sabes que sí; después de lo de esta mañana, dudo que nadie quiera volver a entrenar a la hora del recreo. ¿Me equivoco? —preguntó en voz alta, y todas, especialmente Fani, Ángela y Alicia, negaron con la cabeza.

Vicky seguía con la nariz metida en su libreta, muy concentrada.

—Mmm... bueno, este mediodía me pasé por el polideportivo del barrio y pregunté cuánto cuesta alquilar una cancha de fútbol... y la verdad es que cobran una pasta por reservarla seis horas a la semana. No tenemos tanto dinero. ¡Ni siquiera tenemos dinero para comprar más balones!

—Pues nos las tendremos que arreglar con lo que tenemos...

—...Y lo que tenemos es un rincón en el parque y dos balones, el tuyo y el de Eva...

—¡Escuchad! —dijo de pronto Carla en un susurro—. ¿Qué es eso?

Todas aguzaron el oído. En efecto; al otro lado de los macizos de flores se oía como si alguien diera patadas a un balón, golpeándolo contra el muro.

—Vaya, no me digas que también nos han ocupado el parque —gruñó Alex, pero las demás la hicieron callar.

—Sara y yo vamos a ver quién es —dijo Vicky en voz baja—. Esperadnos aquí.

Se acercaron sigilosamente al lugar del que procedían los golpes.

Al asomarse por detrás de las flores descubrieron algo sorprendente: una chica con una larga coleta rubia, más o menos de la edad de ellas, daba patadas a un balón, tan concentrada que ni se había dado cuenta de que estaban allí. Lanzaba la pelota con fuerza y precisión, corría con la elegancia de un lince y la recogía de nuevo, con estilo, para volver a disparar contra la pared... Sí, era un ejercicio parecido al que Sara practicaba en solitario. Pero la pericia de Sara con el balón se debía a las muchas horas que había pasado entrenando. En cambio, aquella chica parecía tener un talento natural.

Lo más sorprendente era que la conocían: iba a su mismo colegio.

—No me lo puedo creer —masculló Vicky enfadada—. He hablado con ella varias veces y siempre me ha dicho que... —consultó su inseparable libreta y concluyó triunfante—: ajá, aquí está. «Es que yo no sé jugar.»

—¿Estás segura? —preguntó Sara, pero Vicky le lanzó una mirada fulminante y agitó la libreta ante sus narices, ofendida:

—¡Por supuesto que sí! ¡Lo tengo todo apuntado aquí!

Entretanto, la chica rubia las había oído y se había quedado paralizada mirándolas. Parecía asustada, como si la hubiesen sorprendido haciendo algo malo.

—¡Hola! —la saludó Vicky, saliendo de entre los arbustos—. Tú eres Julia, ¿verdad? ¿Te acuerdas de mí? Estuvimos hablando el otro día...

—¿Qué queréis? —cortó ella desconfiada.

—Bueno, es que tenemos un equipo de fútbol —explicó Sara—. Veo que juegas, y que lo haces muy bien, así que igual te interesa y no te habías enterado...

Julia se puso muy roja de pronto.

—Me-me enteré, muchas gracias, pero no me interesa.

—¿Por qué no? ¡Pero si eres muy buena!

Julia cogió su balón y retrocedió un par de pasos.

—¡Saaaaaaraaaaaa! —se oyó la voz de Jessi—. ¡Viiiiickyyyyy! ¿Dónde estáis?

—¡Aquí! —llamó Sara, volviéndose para contestar.

Cuando miraron otra vez, Julia y su balón habían desaparecido.

—¿Dónde se ha metido? —se asombró Vicky.

—Vaya chica tan rara —gruñó Sara.

—Sí, pero la necesitamos para el equipo. Es una chica, va a nuestro colegio y encima sabe jugar al fútbol. Se cumplen los tres requisitos de mi Lista de Condiciones para Pertenecer a Nuestro Equipo...

—... Salvo la cuarta condición, que consiste en querer pertenecer a él.

—Bueno, pero eso se arregla. Ya pensaremos en una manera de convencerla. Ahora tenemos que ponernos a trabajar o se nos hará de noche.

El entrenamiento de aquella tarde estuvo lleno de percances. Todo empezó cuando Alicia fue a chutar un balón y le dio una patada a una piedra. Se puso a gritar de dolor y empezó a saltar a la pata coja. Su amiga Ángela corrió a socorrerla, pero se detuvo en seco por el camino: había pisado una caca de perro.

Y aquello fue solo el principio. Más tarde, Eva lanzó el balón demasiado alto y este quedó encajado entre las ramas de un árbol. Tardaron diez minutos en recuperarlo. También tuvieron que esquivar al vigilante del parque cuando un lanzamiento estuvo a punto de destrozar un macizo de rosas. Y, hacia el final de la tarde, mientras corría con el balón entre los pies, Vicky chocó contra un árbol y se le rompieron las gafas.

Pero eso no fue lo peor. Como si el comentario de Carla hubiese sido una profecía, Alex chutó el balón con fuerza y este salió disparado hacia la cabeza de una viejecita que pasaba por allí. Por fortuna, la propia Carla, que estaba cerca, corrió hacia ella, saltó como una rana y atrapó el balón justo antes de que golpeara a la anciana.

Todas aplaudieron su hazaña, aunque después tuvieron que pedir disculpas a la viejecita, que se marchó de allí amenazando con denunciarlas a la policía.

Entretanto, Vicky, que se había arreglado la patilla de las gafas con un pedazo de cinta adhesiva para poder sujetárselas, observaba, asentía y tomaba notas.

Se disponían a continuar con el entrenamiento cuando una voz pensativa las detuvo:

—Me parece que así no vais a llegar a ninguna parte.

Las chicas descubrieron entonces que había gente observándolas. Se trataba de Sam y sus amigos, el Trío, que regresaban a casa después de una interesante partida en los recreativos y se habían quedado muy sorprendidos al verlas allí.

Ellas los observaron con desconfianza, sin saber si eran amigos o enemigos. Alex levantó los puños, dispuesta a pelearse, pero Sara la retuvo con un gesto y se dirigió a los tres chicos:

—¿Quiénes sois y qué queréis? —exigió saber.

—Yo me llamo Samuel —dijo el rubio—, pero podéis llamarme Sam. Y estos son Jorge —señaló al más alto— y Óscar —señaló al más grueso—. Y lo que queremos es echaros una mano.

—¡No me digas! —respondió Sara con escepticismo.

—No necesitamos tu ayuda —replicó Alex de malos modos.

Sam sonrió.

—Yo creo que sí.

—¡Pero si tú no sabes nada de fútbol! —exclamó Sara—. Ya sé quién eres: el otro día nos confundiste con las animadoras y nos preguntaste dónde habíamos dejado los pompones.

Las otras chicas murmuraron por lo bajo, molestas al recordar la afrenta.

—Vale, reconozco mi error: metí la pata. Por eso quiero disculparme y hacer algo por vosotras en compensación: sé de un sitio perfecto donde podréis entrenar tranquilamente sin que nadie os moleste.

Las chicas cruzaron una mirada. Vicky se encogió de hombros.

—Por probar... —dijo, y Sam les dedicó una amplia sonrisa.

—Genial —dijo—. Seguidme: no os arrepentiréis.

Para llegar al lugar del que hablaba Sam, había que recorrer tres manzanas y saltar una empalizada de madera. Sara, Jessi, Carla, Alex y Eva no tuvieron problemas, pero a las demás hubo que ayudarlas, igual que a Óscar.

—¿No había otro camino más difícil? —gruñó Vicky mientras tiraba de Fani, no sin esfuerzo, para tratar de encaramarla a la valla.

Sam movió la cabeza con desaprobación.

—Las cosas que valen la pena cuestan esfuerzo, señoritas. ¿Estamos todos? —preguntó cuando Fani cayó pesadamente al otro lado de la valla—. ¿Sí? Pues bien, hemos llegado —anunció señalando a su alrededor con un amplio movimiento de la mano.

Las chicas echaron un vistazo, desconfiadas al principio, asombradas después.

Era un solar enorme. Estaba lleno de trastos y de piedras, y en un rincón había una caseta desvencijada que tiempo atrás había servido, sin duda, para guardar herramientas. No se veía una alma, salvo un par de gatos que holgazaneaban sobre el capó de un coche abandonado.

—Tenían que construir un hotel o algo parecido —explicó Sam—, pero se quedaron sin dinero y abandonaron el proyecto. Nadie viene nunca por aquí.

Las chicas tardaron aún un momento en salir de su asombro. Vicky frunció el ceño, sacó su libreta y se puso a tomar notas, pero nadie se atrevió a expresar su opinión al respecto, salvo Ángela, que manifestó con desdén:

—¡Venga ya! ¡Si esto parece un basurero!

Jessi miró a Sara:

—¿Tú qué opinas?

Ella seguía contemplando el solar, pensativa. No tenía ningún problema para imaginárselo como un campo de fútbol. La cuestión era si podría lograr que sus amigas lo vieran igual que ella.

—Sí, creo que podría servirnos —respondió con una sonrisa, y todas se quedaron con la boca abierta.

—¿¡QUÉEEE!?

—Estás de broma, ¿no? —protestó Alicia.

Pero Sara seguía sonriendo.

—Mañana es sábado y no tenemos clase. Si estáis de acuerdo, podemos dedicar el día a limpiar este solar.

—Pero, Sara, ¿crees en serio que podemos hacer

de este... este... sitio... un campo decente? —preguntó Vicky, dudosa.

—Sí, lo creo. Habrá que apartar los trastos a los lados y quitar todas las piedras, y colocar porterías, pero el tamaño del solar es perfecto. Si lo hacemos bien, hasta podremos tener gradas, y si la caseta está vacía, la limpiamos y puede servirnos de vestuario.

—Mujer, visto así...

—¡Yo sí lo veo! —exclamó Eva—. ¡Mañana vengo a limpiar!

—Vale, pues yo también —aceptó Jessi.

—Qué remedio... —suspiró Vicky—. Podéis contar conmigo.

Las últimas en decidirse fueron Ángela y Alicia, y justo es decir que aceptaron colaborar solo para no ser las únicas en negarse.

Así que al día siguiente, muy temprano, cuando aún no había terminado de amanecer, el equipo se reunió de nuevo en el solar. Traían ropa vieja y muchas llevaban pañuelos en la cabeza. Vicky había cargado con un montón de cosas: fregonas, escobas y un par de cubos, que pronto descubrió que no le iban a servir de nada, porque la primera fase de la limpieza iba a ser mucho más pesada.

Comenzaron por retirar todos los cacharros del solar. Siguiendo las instrucciones de Sara, intentaron colocar los más grandes a un lado, apilándolos para que formaran unas gradas improvisadas. La basura más pequeña, desde latas hasta botas viejas, y también las piedras, las introducían en los cubos y en bolsas grandes para sacarlas más tarde al contenedor.

Poco a poco, el solar se fue despejando. Hubo alguna sorpresa desagradable, como cuando Alicia encontró una rata muerta, pero por lo general trabajaron bien y no tuvieron ningún problema.

Interrumpieron el trabajo a la hora de comer. A muchas las esperaban en casa, y tenían que volver. Todavía quedaba mucho trabajo por hacer, pero el solar estaba, en líneas generales, mucho mejor que antes.

Sam, Óscar y Jorge habían estado allí todo el tiempo, pero no se habían molestado en ayudarlas. Tumbados sobre el capó del coche abandonado, se habían dedicado toda la mañana a tomar el sol. Sara se plantó ante ellos para reñirlos:

—Vosotros ya podríais echar una mano, ¿eh? Que no estáis ayudando absolutamente nada, pandilla de vagos.

—¿Cómo que no? —preguntó Sam, genuinamente sorprendido—. Os hemos enseñado este sitio, y eso es ayudar, y mucho, ¿no?

—Y agradece que lo hemos hecho gratis —añadió Jorge.

Sara movió la cabeza con desaprobación.

—Estáis locos, vosotros tres —declaró, y se alejó de ellos dando zancadas. Aún oyó tras ella la voz de Jorge:

—¡Las inmobiliarias cobran comisión por hacer esto, que lo sepas!

Como no habían ayudado en la limpieza, nadie esperaba ver al Trío en el solar después de comer. Sin embargo, y para consternación de las chicas, se presentaron puntuales y ocuparon de nuevo su puesto sobre el coche.

Ellas continuaron con la limpieza. Mientras las demás seguían retirando escombros del solar, Alex, Sara y Vicky examinaron la caseta.

Lo primero que descubrieron fue que la puerta estaba atrancada. Alex tiró de ella y la rompió sin querer.

—Mira que eres bruta —la riñó Vicky.

Al entrar se toparon con tres pares de ojos brillantes que las observaban desde una oscuridad negra como la boca de un lobo.

—¡Uuuahhh! —chilló Vicky.

—Miauuu —le respondieron desde dentro.

—Yo seré una bruta —comentó Alex—, pero tú eres una gallina. Mira que asustarte de unos gatos...

—Bueno, no los había visto —replicó Vicky, ofendida—. Esto está muy oscuro, ¿vale?

Palpó la pared en busca del interruptor de la luz y, para su sorpresa, lo encontró. Sin embargo, al apretar el botón no se encendió bombilla alguna.

—Déjame ver —dijo Sara, rebuscando en la mochila de Vicky. Como sospechaba, su previsora amiga había traído hasta una linterna. Sara enfocó su luz hacia el techo y descubrió una bombilla rota. Las tres cruzaron una mirada.

—Se puede cambiar por una nueva y ver qué pasa —comentó Alex.

Sara paseó el haz de la linterna por el resto del recinto. Lo primero que descubrieron, aunque ya lo sospechaban, fue que iban a tener que desalojar a los gatos de allí. Eran tres, y las miraban con cara de malas pulgas. Por lo demás, la caseta no estaba tan mal. Habría que limpiarla porque estaba sucia y llena de escombros, pero si colocaban bancos junto a las paredes...

—Podemos usarla como sala de reuniones —dijo Sara, pensativa—. En mi casa hay una mesa de cámping que nadie usa, y cabría perfectamente. Además, fijaos, hay una ventana. Si la bombilla no funciona, podemos tratar de destaparla para que entre luz.

—... O la podemos acondicionar como vestuario

—añadió Vicky—. Entonces no haría falta tocar la ventana; de hecho, será mejor que se quede tapada, porque así no pueden espiarnos desde fuera.

—Eso, siempre que funcione la luz eléctrica. ¿O es que quieres cambiarte a oscuras?

—Tías —interrumpió Alex—, ¿estáis hablando en serio? Quiero decir —añadió al ver que la miraban sin comprender—, que si reunimos un equipo no hará falta que vengamos más aquí, porque podremos entrenar en el colegio y usar los vestuarios, el campo y el material. Así que igual no vale la pena darse una paliza para limpiar esto. A no ser, claro... que penséis que no lo vamos a conseguir.

Las dos chicas cruzaron una mirada.

—¡Hay que estar preparadas para cualquier eventualidad! —declaró Vicky solemnemente.

—Entendido —suspiró Alex—. Voy a mandar a las dos niñatas a comprar una bombilla. —Así era como Alex llamaba a Ángela y a Alicia—. Así harán algo útil y dejarán de estorbar; me parece que ya las he oído chillar otra vez.

—Qué pasa, ¿tienes algo en contra de la gente que chilla? —protestó Vicky, picada, pero Alex la ignoró y salió de la caseta.

A la luz de la linterna, Sara y Vicky espantaron a los gatos y empezaron a sacar trastos fuera de la caseta. Alex regresó enseguida para ayudarlas y, cuando Ángela y Alicia volvieron con la bombilla, el interior estaba ya lo bastante despejado para que pudieran entrar sin problemas. Como el techo estaba demasiado alto, fueron a buscar a Carla, la más pequeña y ágil del grupo, para que se subiera sobre los hombros de Alex.

—Esto no es una buena idea —decía Vicky, iluminándolas con la linterna mientras trataban de cambiar la bombilla—. Deberíais saber que nunca, jamás, se debe cambiar una bombilla sin haber desconectado primero la luz general.

—Bueno, pues cuando encuentres la luz general la desconectas y listo, pesada —gruñó Alex—. Y deja de mover la linterna, que si no, puede que a Carla le dé un calambrazo de verdad.

—No os preocupéis por mí —dijo ella, haciendo equilibrios sobre los hombros de Alex—. Lo más seguro es que no haya luz de ningún tipo, así que...

Se calló cuando, al girar la bombilla, esta se encendió de pronto, bañando la caseta con una luz blanca y brillante. Carla estuvo a punto de caerse del susto, pero Alex la sostuvo a tiempo y la bajó al suelo, mientras las otras chicas, que curioseaban desde la puerta, lanzaban un grito de alegría.

—¡Tenemos luz! ¡Tenemos luz!

—No me lo puedo creer —dijo Jessi asombradísima.

—Sí —suspiró Vicky apagando la linterna—, y ahora podemos ver que esto está mucho más guarro de lo que pensábamos.

—Bueno, de acuerdo, en lugar de un día necesitaremos dos o tres —reconoció Sara—. ¿Y?

—Pues que nos hemos apuntado para jugar al fútbol, no para limpiar —protestó Alex, y varias chicas le dieron la razón.

Sin embargo, siguieron trabajando para acondicionar su futuro campo de entrenamiento. A medida que avanzaba la tarde, tanto el solar como la caseta estaban cada vez más despejados. Y, a pesar de sus protestas, todas siguieron trabajando... todas salvo Fani, que desapareció cuando nadie estaba mirando. Un rato después, Vicky preguntó por ella, pero nadie la había visto. Todas dieron por sentado que se había cansado de limpiar y se había ido a casa.

Sin embargo, a media tarde Fani reapareció, arrastrando tras de sí un pesado bote de pintura blanca.

—¡Mirad lo que he traído! —jadeó, agotada a causa del esfuerzo—. Me acordé de que lo teníamos en el garaje de la última vez que vinieron los pintores, y he pensado que quizá podría servirnos.

Jessi destapó el bote y comprobó que la pintura seguía siendo líquida.

—¡Sí que nos sirve! —exclamó sonriendo—. Con esto podemos pintar la caseta...

—... ¡y también las líneas del campo! —añadió Eva jubilosa—. ¡Buena idea, Fani!

Alex, que estaba ya harta de limpiar, y la propia Eva, que era alérgica al polvo y había tenido que salir corriendo de la caseta estornudando sin parar, se ofrecieron para pintar. Por suerte, Fani había traído también un par de brochas.

Contagiadas por su entusiasmo, las demás redoblaron esfuerzos. Incluso el Trío, que seguía ganduleando encima del coche, se animó a colaborar... a su manera, claro. Sam se puso en pie sobre el capó y empezó a gritar instrucciones a las chicas, como un director de orquesta:

—¡Esa línea, que os está saliendo torcida! ¡Eh, que ahí todavía quedan piedras! ¡Venga, un-dos, un-dos! ¡Que se va a hacer de noche!

—¡Pues mueve el culo y ayúdanos! —le respondían ellas, molestas.

Pero Sam siguió ejerciendo de tirano desde el capó del coche, hasta que, de pronto, algo llamó su atención. Bajó de un salto y echó a correr hacia una de las esquinas del solar. Pasó junto a Eva y Alex, y esta le gritó:

—¿Qué? ¿Por fin el señorito nos honra con su presencia?

Pero él no hizo caso. Llegó hasta su destino, un montón de chatarra del que sobresalían varios listones de madera llenos de clavos retorcidos, y empezó a tirar de uno de ellos. Sara, picada por la curiosidad, se acercó para ver qué hacía.

—Oye, se trata de acumular toda la basura en las bandas —le informó—, no de volver a deshacer lo que llevamos amontonando toda la tarde.

Sam se volvió hacia ella.

—¿Llamas a esto «basura»? —le recriminó, ofendido, señalando las tablas de madera—. ¿No se te ha ocurrido que también pueden servir?

Sara captó la idea al vuelo.

—¡Anda! —exclamó—. ¡Pero si podemos montar porterías con ellas!

—¡Exacto! —respondió Sam, encantado de que ella le hubiese leído el pensamiento—. Así que, ¡hala!, a trabajar.

Por suerte para él, las chicas estaban tan entusiasmadas con su descubrimiento que le pasaron por alto el hecho de que regresara al coche a seguir holgazaneando con sus amigos.

—¡Cuidado con esos clavos, están oxidados! —decía Vicky, preocupada. Pero entre todas lograron sacar seis tablas de madera sin que hubiera que lamentar accidentes.

—Deberían ser de la misma longitud, más o menos —dijo Alex, pensativa—. Cuatro más cortas y dos largas. No tenemos nada para serrarlas, ¿verdad?

—Puedo traer mañana la caja de herramientas de mi padre —dijo Jessi—. Creo que tiene un serrucho y, por supuesto, clavos y martillo.

—Muy bien —aprobó Sara—. Entonces, si os parece bien, continuaremos mañana.

—Mañana no puedo, tengo que ir a comer a casa de mi abuela —dijo Fani al punto.

—Y nosotras tenemos que hacer deberes, o

nuestras madres se enfadarán –añadió Alicia, mientras Ángela asentía enérgicamente.

–Yo estoy castigada –informó Carla–. Me han dejado venir hoy con la condición de que mañana me quede en casa todo el día.

–Bueno, no os preocupéis –dijo Sara–. Las que puedan, que vuelvan mañana. De todos modos, ya no queda mucho por hacer –añadió, contemplando el solar con orgullo.

Ahora sí que parecía un campo de fútbol. No era ninguna maravilla, pero por lo menos habían despejado los escombros y alisado el terreno, y las nuevas líneas del campo se secaban bajo las últimas luces del día.

Vicky consultaba su LISTA DE COSAS QUE HAY QUE HACER PARA ARREGLAR EL SOLAR, y, después de tachar un par de líneas, dijo:

–Mañana montaremos las porterías y, si nos da tiempo, terminaremos de limpiar el campo. La caseta podemos pintarla y arreglarla a lo largo de la semana, pero no la necesitamos para entrenar. Así que el lunes podríamos empezar a trabajar aquí.

–Bien hecho –se oyó entonces la voz de Sam–. Sabía que lo conseguiríais.

Los chicos habían abandonado su puesto sobre el capó del coche y se acercaban a ellas, sonrientes.

—Menudo morro tenéis vosotros —les echó en cara Vicky—. Ya podríais habernos echado una mano, ¿no?

—Os hemos ayudado —protestó Sam—. Estamos de vuestra parte, que es mucho más de lo que puede decirse de la mayoría de la gente del colegio.

—Pues también es verdad —comentó Jessi, pensativa—. Y decid, ¿por qué nos apoyáis?

—Pues —respondió Jorge— porque a Sam le gust... ¡ay! —Se interrumpió de golpe cuando el propio Sam lo hizo callar de un pisotón.

—Porque creemos que todo el mundo merece una oportunidad —dijo este—. Porque pensamos que os están discriminando por el hecho de ser chicas, y eso no nos parece justo.

—Y porque vosotras sois menos pavas que la mayoría de chicas que conocemos —añadió Óscar.

—Bueno, sí, también por eso —admitió Sam—, así que esperamos que no nos defraudéis y que forméis un gran equipo que vapulee a esos cretinos en el partido.

Sara sonrió, mucho más animada. Pero Vicky había vuelto a sacar su libreta y se encargó de recordarles:

—Aún nos falta gente para formar un equipo. Y también...

—¡Nos falta un nombre! —exclamó Eva de pronto—. ¡Que aún no sabemos cómo nos llamamos!

—Anda, pues es verdad... —dijo Sara, pensativa.

—¡Ya lo tengo! —exclamó Ángela—. Como los chicos son los Halcones, nosotras podemos ser las Águilas...

—¡Qué buena idea! —la secundó Alicia.

—Ni lo sueñes —gruñó Alex—. ¿Por qué vamos a hacer siempre lo que hacen ellos?

—Alex tiene razón —opinó Sara—. Hay que buscar algo diferente.

Todos se quedaron un buen rato meditando sobre el tema. El sol terminó de ponerse y el cielo comenzó a oscurecerse, pero nadie se atrevía a romper el silencio. Siguieron dándole vueltas hasta que Óscar casi dio un salto en el sitio —despertando a Alex, que se había quedado dormida de pie— y todos lo miraron, expectantes.

—¿Qué, qué? —preguntó Sara emocionada.

Óscar los miró a todos como si se le hubiese ocurrido una gran idea.

—Es que estaba pensando... —les confió—. Si Batman y Spiderman se enfrentasen en una pelea... ¿Quién creéis que ganaría?

Las chicas lo miraron como si le faltase un tornillo; incluso sus amigos, Sam y Jorge, que ya conocían sus extrañas salidas, le recriminaron:

—¡Pero tío, que ahora estamos en otra cosa!

Jessi sacudió la cabeza.

—Creo que estamos todos demasiado cansados para pensar —dijo—. Además, es tarde. Propongo que volvamos a casa y lo consultemos con la almohada.

Alex se desperezó y bostezó ruidosamente.

—Mmm... vale, tíos, estoy de acuerdo. ¿Nos abrimos, entonces?

Terminaron de recoger sus cosas y, uno tras otro, saltaron de nuevo la valla.

Sara se quedó la última. Con un suspiro, se dio la vuelta para contemplar el fruto de su trabajo. Se imaginó entrenando allí con sus amigas y sonrió.

Un silbido la hizo volver a la realidad. Se volvió hacia Sam, que era el que la había llamado;

estaba encaramado a la empalizada y le tendía la mano, sonriente.

—¿Subes o qué?

Sara le devolvió la sonrisa. Le dio la mano y ambos cruzaron una mirada llena de entendimiento. El chico tiró de ella para ayudarla a subir, y Sara se encaramó a la valla de un salto.

Momentos más tarde, el grupo regresaba a casa bajo la luz de las farolas, que ya comenzaban a encenderse.

10

Caza y captura

El lunes por la mañana, a la hora del recreo, las chicas del equipo renunciaron a tratar de llegar las primeras al campo. Como de costumbre, fueron los Halcones los que lo ocuparon para jugar su partidillo de todos los días, y lo hicieron muy satisfechos de sí mismos, creyendo que habían ganado la guerra, que Sara y sus amigas se habían rendido y que ahora estarían viéndolos jugar, muertas de envidia.

Pero se llevaron un chasco. Porque ellas se reunieron en la grada, sí, pero no para lamentarse ni para dispararles miradas de odio. En vez de eso, comentaron entusiasmadas lo que habían hecho durante el fin de semana. El campo del colegio ya no les interesaba para nada: ahora tenían un campo propio, del que podían disponer para ellas solas.

—Ayer montamos las porterías y las plantamos en su sitio —estaba contando Jessi a todas las que no habían podido acudir el domingo al solar—. Fue un poco complicado, porque a Sara casi se le cae una encima...

—... Pero ya están puestas y listas para probar —concluyó Alex, satisfecha—. Así que, si queréis, esta tarde podemos entrenar en nuestra propia cancha sin que esos idiotas nos molesten. ¿Vale?

—¡Sí! —gritaron todas, entusiasmadas.

Desde abajo, los chicos miraban, mosqueados.

—¡Pero si les hemos quitado el campo y los balones! —protestó Mateo—. ¿Por qué están tan contentas?

—No lo sé, pero no me gusta ni un pelo —respondió su gemelo—. Seguro que traman algo.

—¿Habéis venido aquí para jugar o no? —los riñó Héctor—. ¡No nos hemos pasado dos semanas peleando por el campo para que ahora os quedéis como tontos mirando a ver qué hacen las tías!

—Pues también es verdad —reconoció Lucas; Mateo se encogió de hombros, y ambos se centraron en el juego.

Mientras tanto, en la grada, Vicky trataba de poner orden.

—Está bien lo del solar, y que tengamos un sitio para entrenar y todo eso —decía, consultando su inseparable bloc de notas—, pero no debemos olvidar que todavía somos nueve, y vamos a necesitar a más gente para formar un equipo. Si no, no podremos apuntarnos a la liga interescolar.

—Bueno, y entonces, ¿qué propones? —preguntó Sara, apoyada sobre su balón.

—Tengo una candidata excelente para nuestro equipo, pero va a ser difícil convencerla.

—¡Ya sé quién dices! —saltó Sara—. He intentado hablar con ella esta mañana, pero siempre se me escabulle.

Vicky sonrió maliciosamente.

—Yo tengo un plan —anunció—, pero para llevarlo a cabo voy a necesitar la ayuda de todas.

—Dispara —la invitó Alex, dando un feroz mordisco a su bocadillo.

Vicky sonrió otra vez y pasó las páginas de su libreta, hasta mostrarles una en la que había dibujado un plano del colegio y sus alrededores y lo había llenado de anotaciones y colorines.

Aquella tarde, al salir de clase, pusieron en marcha el plan de Vicky. Tenían tres pares de *walkie-talkies* que habían reunido entre todas; cada una tenía muy claro cuál sería su zona de acción y sabía lo que debía hacer pero, para que todo funcionase bien, tenían que darse prisa.

Así que en cuanto sonó el timbre, salieron corriendo de clase; pero esta vez no era para ocupar el campo de fútbol, sino para cubrir todas las posibles vías de escape.

Sara fue una de las primeras en llegar a su puesto. Se ocultó tras una esquina del muro del colegio y desde allí espió la puerta de salida. Esperó con paciencia hasta que localizó a su objetivo: una chica de aspecto tímido y triste que cargaba con una mochila demasiado pesada para ella y que arrastraba tras de sí una larga coleta rubia.

El *walkie* de Sara chisporroteó, y se oyó la voz de Vicky a través de él:

—Aquí Lechuza Parda llamando a Ardilla Pelirroja. El objetivo abandona la zona cero y se dirige a tu posición. Cambio.

—Lo veo, Lechuza Parda —respondió ella—.

Avisa a Urraca Chillona y a Hiena Feroz. Alcanzaremos al objetivo en la zona tres. Cambio y corto.

Se dispuso a apagar el *walkie*, pero, de pronto, sonó la voz de Fani a través del auricular:

—Oye, Sara, ¿cuál es la zona tres?

—¡El parque, Orca Voraz! —replicó ella—. ¡Y no desveles nuestra clave! ¡Soy Ardilla Pelirroja, no lo olvides! ¡Corto y cierro!

—¿Ardilla Pelirroja? —repitió una voz, y esta vez no venía del *walkie*, sino que había sonado a su espalda. Sara dio un respingo, sobresaltada, y se relajó al volverse y comprobar que se trataba de Sam.

—¡Sssh! —lo riñó—. Estamos en medio de una operación de vital importancia para el equipo.

—¿Ah, sí?

Sara iba a responder, pero el *walkie* dejó escapar otro sonido de estática y en esta ocasión fue la voz de Alicia la que habló por él:

—Oye, Sara, no me gusta ser la Urraca Chillona —protestó.

—¡Ni a mí ser la Urraca Llorona! —se quejó Ángela, que estaba con ella—. ¿Quién se ha inventado estos nombres tan estúpidos?

—¡A callar todo el mundo, que esto es serio!

ARDILLA PELIRROJA

LECHUZA PARDA

URRACA LLORONA

URRACA CHILLONA

HIENA
FEROZ

RANA
SALTARINA

ORCA
VORAZ

PANTERA
NEGRA

—las regañó Sara a través del *walkie*. Por supuesto, todas sabían que lo de los nombres en clave había sido cosa de Vicky, pero, en opinión de Sara, ni Ángela ni Alicia se habían llevado la peor parte. Al menos, Vicky había tenido el detalle de bautizar a Fani como «Orca Voraz» y no como «Ballena Glotona», que era, básicamente, lo que venía a significar. Sin embargo, la buena y plácida de Fani no se había molestado. No se enfadaba nunca, ni siquiera cuando se burlaban de ella o se metían con su aspecto, sino que actuaba como si aquello no fuera con ella. Todo lo contrario que Ángela y Alicia, que eran hipersusceptibles y muy muy melodramáticas.

—¡Atención, atención, aquí Lechuza Parda! —llamó Vicky con urgencia—. ¡El objetivo ha abandonado la zona uno!

—¿Qué? —se sobresaltó Sara, y se asomó tras la esquina. Aún llegó a ver una coleta rubia avanzando al otro lado de la calle. Volvió a levantar el *walkie-talkie* y avisó al resto de su equipo—: ¡Todas a vuestras posiciones! ¡Nos vemos en la zona tres! ¡Corto y cierro!

Y, esta vez sí, apagó el *walkie*. Se volvió hacia Sam.

—Puedes venir —le dijo, mientras se cargaba de nuevo la mochila a la espalda—, pero tienes que estar calladito, ¿de acuerdo?

—Soy una tumba —le aseguró el chico, muy serio; sin embargo, sus ojos brillaban, divertidos.

Solo cuando llegaron al parque, Sara volvió a encender el *walkie*. Se temía volver a escuchar las quejas y los lamentos de las Urracas al otro lado, pero la sorprendió un mensaje muy profesional de Alex:

—Atención a todas las unidades, aquí Hiena Feroz llamando desde la zona tres. El objetivo se dirige a mi posición. Inicio maniobra de acordonamiento.

«Al final resulta que sí que va a salir bien y todo», se dijo Sara impresionada.

—Aquí Ardilla Pelirroja —respondió—. Adelante, Hiena Feroz. Las demás, Urracas, Lechuza, Rana Saltarina y Pantera Negra, ya sabéis lo que tenéis que hacer.

Se movieron por el parque con cautela. Sara retuvo a Sam cuando estaba a punto de seguir por el camino de tierra y lo arrastró hasta los árboles.

—Tenemos que rodearla y acercarnos por el otro lado —le explicó en un susurro—. Si no, volverá a escaparse.

—¿Y eso es todo? —respondió él, atónito—. ¿Los nombres en clave, los *walkies* y todo eso... lo hacéis simplemente para acorralar a alguien?

—Es más difícil de lo que parece —se defendió ella molesta.

Por fin localizaron a Julia, que caminaba cabizbaja por el parque.

—Aquí Pantera Negra —se oyó la voz de Jessi en un susurro—. Orca y yo la tenemos en posición.

—También nosotras —informaron Ángela y Alicia.

—Lechuza y yo estamos en la zona tres —dijo Carla a través del *walkie.*

—Bien —murmuró Sara.

—Ahora, Ardilla —dijo Vicky, y Sara apagó el *walkie,* respiró hondo y salió de entre los arbustos, cortándole el paso a Julia.

—Hola, Julia —la saludó—. ¿Qué tal?

Ella la miró desconfiada, y retrocedió un paso.

—¿Qué quieres? —exigió saber.

—Hablar contigo nada más. Lo he intentado varias veces, pero siempre te escabulles.

—Será porque no me apetece hablar —replicó Julia; dio media vuelta para marcharse, pero cuando lo hizo se dio cuenta, de pronto, de que estaba rodeada por todas las chicas del equipo—. ¿Esto qué es, una encerrona? —protestó, asustada—. ¿Qué queréis de mí?

—Ya te lo he dicho: hablar —respondió Sara, un poco preocupada por su reacción—. ¿Qué crees que somos, un grupo de matonas?

—¡Pues entonces dejad que me vaya! —suplicó ella.

—No vamos a hacerte daño, de verdad —intervino Vicky—. Es que no es normal que salgas corriendo cada vez que nos acercamos. No te hemos hecho nada malo.

—Sé lo que queréis, y mi respuesta es no.

—¡Pero si juegas fenomenal! —dijo Sara—. ¿Por qué no quieres unirte a nuestro equipo?

—Por favor, Julia —rogó Vicky—. Nos faltan todavía varias personas para poder apuntarnos a la liga, y ya casi no nos queda tiempo.

Julia se quedó mirándolas, pensativa. Por fin pareció comprender que no eran peligrosas, porque se dejó caer en un banco y sacudió la cabeza.

—Mirad, yo no quiero jugar en ningún equipo. Ya lo hice una vez y fue un desastre.

—¡No me lo puedo creer! —dijo Sara—. ¡Pero si controlas muy bien el balón!

—Porque he aprendido a jugar con mis hermanos y con mis primos. Pero jugar en un equipo es muy distinto. Soy muy tímida —explicó, y se puso colorada mientras lo decía—. No soporto jugar en un partido delante de más gente. Me pongo nerviosa y no doy pie con bola. Por eso me echaron del equipo, porque en el primer partido nos metieron seis goles por mi culpa.

—¡Seis goles! —se admiró Fani.

Sara y Vicky cruzaron una mirada, inseguras. Pero fue Eva quien tomó la decisión por ellas:

—¿Y eso qué más da? Cometiste un error, pero no por eso vas a estar escondiéndote siempre. Es cuestión de acostumbrarte. Te da corte porque no lo has hecho nunca, pero verás cómo en un par de partidos ya ni te das cuenta de que la gente está ahí.

—¿Tú crees? —dijo ella, dudosa.

—¡Claro que sí! Además, nosotras no vamos a echarte porque metas la pata un par de veces...

—... ni siquiera seis veces —colaboró Fani.

—¿Verdad que no? —añadió Eva mirando a las demás.

Vicky suspiró.

—¿Con toda la lata que le hemos dado a la pobre para que se apunte al equipo? Ni lo sueñes.

Julia sonrió un poquito.

—Vamos, anímate —intervino entonces Sam—. Yo he visto jugar a algunas de estas chicas, y créeme si te digo que no tienen el menor sentido del ridículo.

—Pero ¡qué te has creído! —protestó Alicia.

—¡Eso, eso, cierra la boca, que nadie te ha dado vela en este entierro! —corroboró enseguida Ángela.

—Por eso creo —prosiguió Sam sin hacerles caso—, que si quieres aprender a superar la timidez, deberías apuntarte al equipo. Aprenderás un montón de ellas.

Ángela y Alicia volvieron a abrir la boca para quejarse, pero no llegaron a decir nada, porque captaron, en el último momento, que en realidad Sam, a su peculiar manera, estaba hablando bien de ellas.

—Qué, ¿te apuntas? —preguntó Vicky manoseando ya su libreta de notas.

—Bueno... —aceptó Julia, no muy convencida.

—¡Hurraaa! —chilló Eva—. ¡Bien por Julia!

Las demás corearon el nombre del nuevo fichaje, mientras Vicky añadía, por fin, su nombre a la lista:

Lista de jugadoras para el equipo de fútbol ~~de Sara~~

1. Sara (2.º C)
2. Vicky (2.º C)
3. Jessi (3.º A)
4. Eva (2.º B)
5. Alex (3.º B)
6. Ángela (2.º A)
7. Alicia (2.º A)
8. Fani (2.º A)
9. Carla (2.º B)
10. Julia (2.º B)

El primer acto de Julia como nueva y flamante jugadora del equipo fue acompañarlos al solar. Allí, todos pudieron comprobar el trabajo que habían hecho Sara, Jessi, Vicky y Alex el día anterior: el terreno estaba ya del todo despejado y había una portería a cada lado del campo.

—¡Pero si hasta las habéis pintado de blanco! —se admiró Eva—. ¡Han quedado preciosas!

—Bueno, pero tened cuidado con ellas —aconsejó Vicky—, porque no sabemos si aguantarán. Quizá se caigan al primer balonazo.

—No se caerán —contradijo Alex—. He puesto piedras en la base para que hagan de soporte, y he echado tierra por encima. Están bien sujetas.

—Bueno —dijo entonces Ángela, que no parecía nada impresionada—. Alicia y yo queremos ver qué tal lo hace nuestra nueva jugadora. Que nos hemos arrastrado por entre las hierbas y los pinchos y hemos soportado que nos llaméis urracas.

—Y esperamos que haya valido la pena —añadió Alicia, ceñuda.

—Eso está hecho —sonrió Sara, y le lanzó su balón a Julia.

Ella lo recogió con la cabeza y después con el pie, y comenzó a pelotear con él. Las chicas la observaron admiradas. La pelota no tocó el suelo ni una sola vez.

—Vale, es buena —reconoció Alicia—. Solo espero que no meta demasiado la pata en el partido contra los chicos.

El balón cayó al suelo y rodó hasta los pies de Fani.

—¿Partido contra los chicos? —repitió Julia aterrada.

—Tú no te preocupes por eso —dijo Eva quitándole importancia—. Es solo un partido amistoso antes de empezar la liga. Para calentar, ya sabes.

—Eso, eso, para calentar —asintió Vicky, mientras Alex ponía los ojos en blanco.

—Y eso me recuerda que hoy... por fin... podemos entrenar sin moscones que nos molesten —anunció Sara en voz muy alta—. Así que... ¡adelante!

—¿Y esos? —preguntó Julia señalando al coche abandonado. Allí, Sam se había reunido con Jorge y Óscar, y los tres habían iniciado una apasionante partida de *Magic*.

—Esos no molestan —respondió Jessi—. O, al menos, no demasiado. Tranquila, están de nuestra parte.

—O eso dicen —masculló Vicky por lo bajo.

—¿Qué? —le preguntó Sara, también en voz baja.

—Nada, es que no entiendo qué hacen aquí todavía —susurró Vicky—. ¿No tienen otro sitio donde jugar a las cartas?

Sara se encogió de hombros.

—A mí no me importa que estén. Venga, basta de perder el tiempo —añadió en voz alta—. ¡A entrenar!

Como solo tenían dos balones, decidieron comenzar por un partido informal. Pronto quedó claro que las únicas que sabían jugar eran Sara, Eva, Alex y Julia, y que a las demás todavía les costaba controlar el balón. Sus esfuerzos llamaron la atención de Sam y de sus amigos, que de vez en cuando interrumpían su partida para echar un vistazo a lo que sucedía en el campo.

—No sé, tíos —comentó Jorge dudoso—. Creo que estamos perdiendo el tiempo. Nunca vencerán a los Halcones, por mucho que nos pese.

—¿Por qué no? —lo contradijo Óscar—. El hobbit Bilbo Bolsón se enfrentó él solo al dragón Smaug y lo venció, ¿no?

—Pero eso pasa en los libros, hombre, no en la vida real. En serio, deberíamos dejar de venir a ver estos entrenamientos, son patéticos. ¿No crees, Sam? ¿Sam? —insistió, al ver que su amigo no respondía.

—¿Eh? —dijo Sam, como si cayese de las nubes—. ¿Decías algo?

—Bah, olvídalo. Estás tan colgado de esa tía que no hay quien te hable.

Sam se levantó de un salto y agarró a Jorge del cuello de la camisa.

—¿Quién está colgado de quién, eh?

—Na-nadie, tío, era una broma —se apresuró a responder Jorge, asustado.

Sam lo soltó, aún malhumorado.

—Más te vale. No quiero volver a oír hablar

del tema. Al primero que insinúe que estoy colado por una tía me lo como vivo. ¿Queda claro?

—Bueno, tío, no te pongas así —protestó Jorge, molesto—. Solo digo que aquí estamos perdiendo el tiempo, ¿sabes? Venir a ver entrenar a estas pringadas es un rollo...

No había terminado de hablar cuando otra persona entró en el solar, saltando la valla con bastante gracia. Se incorporó, sacudió su melena rubia y miró a su alrededor desorientada. Cuando echó a andar hacia Sara, con elegancia, los tres chicos se quedaron mirándola embobados. No era la primera vez que la veían, pero siempre provocaba aquel efecto en ellos, y en casi todos los chicos: Mónica tenía fama de ser la chica más guapa del colegio.

—Guau —acertó a decir Óscar.

Sara vio a la recién llegada y corrió hacia ella.

—¡Hola! —la saludó—. Te conozco, ¿verdad? Te llamas Mónica. ¿Qué haces aquí?

—Le pregunté a Vicky y me dijo que os buscara aquí —respondió ella—. Quiero unirme a vuestro equipo.

—¿Cómo ha dicho? —se le escapó a Sam, que parpadeaba desconcertado.

A Óscar se le descolgó la mandíbula, y Jorge por poco se cae del coche de la impresión.

—Ah, pues me parece estupendo —estaba diciendo Sara—. ¡Contigo somos once!

—Tíos..., retiro lo dicho —balbuceó Jorge—. Yo me quedo.

—¡Serás tonto...! —lo riñó Sam, dándole una colleja.

Vicky corrió a reunirse con Sara y Mónica.

—¡Al final has venido! —le dijo sonriendo—. No estaba segura de que te decidieras. Como dijiste que no sabías jugar...

—Es verdad que no lo he probado nunca —reconoció Mónica—, pero quiero intentarlo.

—¡Pues no se hable más! —concluyó Sara, y Vicky actualizó su lista:

LISTA DE JUGADORAS PARA EL EQUIPO DE FÚTBOL ~~DE SARA~~

1. SARA (2.° C)
2. VICKY (2.° C)
3. JESSI (3.° A)
4. EVA (2.° B)
5. ALEX (3.° B)
6. ÁNGELA (2.° A)
7. ALICIA (2.° A)
8. FANI (2.° A)
9. CARLA (2.° B)
10. JULIA (2.° B)
11. MÓNICA (3.° A)

11

Balones de rebajas

Cuando empezó a oscurecer, el equipo se reunió en un rincón del solar para comentar cómo había ido el entrenamiento. En general había sido un buen día: tenían un espacio para ellas solas que podían usar para entrenar sin que nadie las molestara, y además se les habían unido dos chicas más.

—Ya somos bastantes para jugar el partido —anunció Vicky consultando su libreta—, pero no para apuntarnos a la liga, me temo.

—Bueno —opinó Eva—, cuando juguemos con los chicos nos conocerá más gente y a lo mejor se anima alguien más.

—Eso solo en el caso de que juguemos bien —replicó Alex.

Eva sonrió.

—¿Acaso lo dudas?

Pero Sara movió la cabeza, preocupada.

—Vamos bien, es verdad; al menos, estamos mejor que la semana pasada, y eso ya es algo. Pero no podemos seguir entrenando con dos balones solamente. Los ejercicios se vuelven eternos y apenas aprovechamos el tiempo.

—¿Tú no tenías un balón, Julia? —le preguntó Vicky al nuevo fichaje, al recordar que la habían visto peloteando en el parque.

—No, no, ese no es mío —se apresuró a responder ella—. Es el de mi hermano, que juega en el equipo de su facultad. Me lo deja muy pocas veces, y solo cuando no lo usa él.

—Vaya —comentó Sara decepcionada.

—Yo he pensado... —empezó Vicky; dudó un momento y continuó—: he pensado que podemos hacer una colecta y comprar otro balón entre todas.

—Me parece bien —asintió Eva enseguida.

—Yo es que no tengo mucho dinero —dijo Fani con cara de pena.

—Y nosotras estábamos ahorrando para el concierto de Mystic Boys —anunció Alicia alarmada.

—¡Guau, sí, Mystic Boys! —chilló Ángela emocionada—. Bueno, vale, está bien —aceptó a regañadientes, al ver cómo la miraban el resto de las chicas del equipo—. Pondremos algo.

—Que cada cual colabore con lo que pueda —dijo Jessi—. O con lo que quiera. Estamos en el equipo porque queremos, y queremos que salga adelante, ¿no?

Vicky sacó un pequeño estuche metálico de su cartera, lo destapó y lo vació de lápices y bolígrafos. Después rebuscó en su monedero y sacó unas monedas, que dejó caer en el estuche.

Sara ya estaba hurgando también en su propio monedero, y las demás la imitaron. El bote con la colecta pasó de mano en mano, y todas fueron contribuyendo con algo de dinero, hasta que la hucha improvisada regresó a manos de Vicky, que la vació sobre su regazo y comenzó a contar la recaudación.

—... quince —concluyó, satisfecha—. Bueno, no está mal.

—Con eso podremos comprar otro balón más —señaló Sara, y todas pusieron caras largas.

—¿Solo uno? —se lamentó Carla—. ¡Pero no solucionamos nada con eso!

—Ya lo sé, pero es todo lo que tenemos.

—A no ser que alguien quiera aportar más dinero —añadió Vicky devolviendo toda la recaudación al bote.

En aquel momento se acercaron Sam y sus amigos, intrigados al ver que las chicas llevaban un buen rato conferenciando en corrillo. Vicky los señaló con un dedo acusador.

—¿Vosotros vais a colaborar con la causa? —les preguntó.

—¿Y cuál es la causa? —quiso saber Sam.

—Necesitamos comprar más balones para entrenar —explicó Sara—. ¿Aportáis algo para el bote común?

Vicky les plantó la caja metálica bajo las narices y la movió para hacerla sonar.

—¿Te refieres a dinero? —preguntó Jorge.

—Pues claro, atontado, no van a ser chapas... —se burló Alex.

—Ah, no, ni hablar.

—¡Tacaño! —le echó en cara Ángela.

—¡Roñoso! —añadió Alicia.

Sam, que se había quedado mirando el bote, pensativo, se limitó a decir:

—Tiene que haber otra solución.

Se dio la vuelta de golpe y se alejó a grandes zancadas, sin despedirse siquiera. Óscar y Jorge cruzaron una mirada, se encogieron de hombros y lo siguieron.

—Pero qué cara tan dura —estalló Vicky.

—Y esos, ¿quiénes eran? —preguntó Mónica, curiosa.

—¡Oh, son bichos raros! —respondió Alicia con una risita—. Nos siguen a todas partes, pero en realidad no son amigos nuestros.

—Son... como las mascotas del equipo —añadió Ángela, y se echó a reír.

—Eh, no está bien burlarse de ellos —las riñó Eva—. Fue Sam quien nos consiguió este sitio para entrenar.

—¡Vaya! —replicó Ángela, decepcionada—. ¡Pues tampoco es nada del otro mundo!

—Pero es mejor que lo que teníamos, ¿o no? —dijo Jessi.

—No sé —dijo entonces Fani, dudosa; había estado tan concentrada en comerse su merienda que habían llegado a pensar que no les estaba prestando atención—. Yo creo que si de verdad fueran amigos nuestros, habrían puesto algo en el bote para los balones...

Nadie respondió. Sara y Vicky cruzaron una mirada de circunstancias. Las dos estaban pensando lo mismo: que Fani tenía razón.

Mientras las chicas pasaban apuros para conseguir lugar y material para entrenar, los Halcones seguían reuniéndose tres veces por semana bajo las órdenes de Eloy. A pesar de que era un entrenador duro, los chavales estaban contentos: estaban aprendiendo mucho, y cada vez funcionaban mejor como equipo. Sin embargo, aquella tarde en concreto, alguien los observaba sin que ellos se dieran cuenta. Ocultos tras los árboles del patio, Sam, Óscar y Jorge espiaban sus movimientos. Vieron a Eloy anunciar, con un pitido de su silbato, que el entrenamiento había concluido, y a los Halcones, correr hasta los vestuarios.

—Oye, Sam, ¿qué hacemos aquí? —preguntó Óscar.

—¡Ssshhhh! —respondió él—. Silencio, ¿vale? Quiero comprobar una cosa.

Observaron cómo Eloy empujaba el carrito de

los balones de vuelta al almacén del material y después cerraba la puerta con llave.

—Sam, ¿qué pretendes? —preguntó Jorge, inquieto.

Él no contestó. Sus ojos seguían clavados en el almacén del material deportivo.

Más tarde, cuando ya se había hecho de noche, cuando no quedaba ya nadie en el patio y hacía rato que habían cerrado la puerta principal, los tres se deslizaron furtivamente hasta el almacén. Sam sacó una linterna de la mochila y enfocó la cerradura.

—Oye, Sam, esto no es una buena idea —dijo Jorge.

—Estás a tiempo de marcharte —replicó él.

—¿Con lo que nos ha costado saltar el muro? —protestó Óscar—. ¡Ni hablar!

Sam no respondió. Estaba muy ocupado manipulando la cerradura con un pequeño alambre.

—Eso no va a funcionar, Sam —opinó Jorge—. Has visto demasiadas pelis de ladrones...

No había terminado de hablar cuando la cerradura cedió con un suave «clic».

—¡Jo, tío! —se admiró Óscar—. ¿Dónde has aprendido eso?

—Lo vi en una peli de ladrones —respondió Sam con una sonrisa.

Tiró de la puerta, que se abrió con un chirrido. Los tres entraron en el almacén y, cuando Sam encendió la luz, miraron a su alrededor. A Jorge no se le escapó la sonrisa traviesa que iluminó la cara de su amigo cuando vio el carrito con los balones aparcado en un rincón.

—Esto es robar, ¿lo sabías? —le recordó.

—¿Robar? —Sam sacudió la cabeza, como si la idea resultara totalmente ridícula—. Nada de eso: solo los cogeremos prestados. Además, las chicas tienen tanto derecho a usarlos como Héctor y sus esbirros... Al fin y al cabo, todos somos alumnos de este colegio, ¿no?

—Pero ¿tú crees que Sara estará de acuerdo con esto? —preguntó Óscar.

—Sara no tiene por qué enterarse.

—¿Ah, no? —replicó Jorge cogiendo un balón y plantándoselo delante de las narices—. ¿Y cómo piensas explicar esto?

Naturalmente, todos los balones estaban marcados con el escudo del colegio. Sam sonrió.

—Tranquilos, está todo controlado.

Hurgó en su mochila y un bote de alcohol y varios trapos, que lanzó a cada uno de sus amigos.

—Venga, ya podéis empezar a frotar.

Al día siguiente por la tarde, las chicas regresaron al solar para entrenar. Vicky llevaba entre las manos el flamante balón nuevo que habían comprado entre todas. Eva no se cansaba de mirarlo.

—Déjame verlo, déjame verlooooo... —suplicaba.

Vicky lo levantó para ponerlo lejos de su alcance.

—Las manos y los pies quietos, que lo vas a desgastar, y tiene que durar toda la temporada.

Jessi y Carla, ajenas al revuelo que causaba el nuevo balón, echaban una carrera hasta la caseta que solían utilizar para guardar sus cosas mientras entrenaban. Por eso fueron las primeras en llegar, las primeras en encender la luz y en alertar a las demás con un grito de asombro.

—¡Eh, tenéis que ver esto! —las llamó Jessi.

—¿Qué pasa? —preguntó Sara, y echó a correr hacia la caseta. Las demás la siguieron, y, como de costumbre, Fani se quedó la última, trotando tras ellas mientras gritaba:

—¡Esperadmeeee!

Cuando finalmente se reunió con las demás, Julia estaba diciendo:

—Esto es un espejismo..., que alguien me pellizque porque seguro que estoy soñando.

Fani se abrió paso para echar un vistazo al interior. Allí, colocados ordenadamente sobre los bancos, había cinco balones de fútbol.

Fue Eva la que rompió el embrujo:

—¡Yujuuu! ¡Más balones nuevos! —chilló, y corrió a cogerlos para comprobar que eran reales.

Varias de las chicas siguieron su ejemplo, pero las demás seguían en la puerta, desconcertadas. Carla se volvió hacia Sara, radiante:

—¡Vaya, Sara, qué callado te lo tenías! Así que querías darnos una sorpresa, ¿eh?

—Sí, ¡y yo que creía que íbamos a estar jugando con tres balones todo el curso! —dijo Jessi.

—Y fijaos, son de los buenos... ¡De la misma marca que los del cole! —señaló Eva.

Sara se volvió hacia Vicky, muy desconcertada, pero ella también la miraba esperando una explicación.

—¿De qué estáis hablando? —acertó a decir—. ¡Yo no he tenido nada que ver con esto!

—Venga ya, Sara, no te hagas la modesta —sonrió Eva—, que no nacimos ayer.

—¡Que no he sido yo! En serio, no sé por qué están estos balones aquí, ni quién los ha traído.

Todas callaron de golpe y se volvieron hacia ella, atónitas. Después empezaron a mirarse unas a otras, pero nadie parecía conocer la solución al enigma. Vicky estaba muy preocupada. La asustaban las cosas que no podía explicar o controlar, por lo que fue la primera en pronunciar en voz alta la pregunta que todas se estaban haciendo:

—Pero, si no has sido tú, ¿quién ha traído los balones?

Hubo un largo, largo silencio. Después, Sara sonrió. Había tenido una idea.

Los Halcones están entrenando, pero Héctor se ha tomado un breve descanso para hablar con Sara en la banda.

—Sí, me has descubierto, he sido yo —confiesa el capitán de los Halcones sonriendo—. Pero no se lo digas a nadie, ¿vale? Es que no me parecía justo que una chica con tanto talento como tú tuviese que entrenar en esas condiciones...

—¿De verdad crees que tengo talento? —pregunta Sara embelesada.

—Naturalmente que sí —responde Héctor, galante—. De hecho, estoy tan impresionado que me gustaría pedirte que fueses mi novia.

Y saca un enorme y maravilloso ramo de rosas rojas y se lo ofrece a Sara, que, con las mejillas tan rojas como su pelo, las acepta, sonriendo, mientras el aire se llena de flores, de corazones y de pajaritos cantando. Entonces Héctor se acerca hacia ella, como si quisiera besarla...

—¡Sara, despierta! —la llamó la inoportuna voz de Vicky.

Ella volvió a la realidad de mala gana.

—¿Eh...? Ah, sí, los balones —recordó, al ver que todas estaban mirándola con expectación—. Creo que sé quién... ¿Qué pasa ahora? —preguntó molesta, al ver que Vicky la observaba con cierta desconfianza.

—Sé lo que estás pensando, y la respuesta es no.

—¿Cómo que sabes lo que estaba pensado? —replicó Sara, ofendida.

—Tu cara era todo un poema —respondió Vicky encogiéndose de hombros; y Sara se puso colorada, casi tanto como en su sueño.

—Pero...

—Vamos, piensa un poco —cortó Vicky, reanudando sus deducciones antes de que las demás tuvieran oportunidad de hacer preguntas—. Nadie sabe que este es nuestro lugar de entrenamiento, excepto nosotras...

—... y las mascotas, claro —apuntó Alicia con una risita.

Sara se quedó mirándola un momento, con los ojos muy abiertos, como si acabase de decir algo trascendental.

—¡Eso es! —exclamó.

Y dio media vuelta y salió de la caseta a grandes zancadas. Las demás la siguieron.

Sam, Jorge y Óscar habían llegado ya al solar y se habían aposentado sobre el coche de siempre para jugar a las cartas.

—Sam, has sido tú el de los balones, ¿verdad? —dijo Sara.

Él fingió no haberla oído. Sacó una carta de su mano y la colocó sobre el capó del coche.

—Un gólem de piedra —anunció.

—¡Jo, tío! —se lamentó Jorge.

—¡Sam! —lo llamó Sara mosqueada—. Sabemos que has sido tú. ¿De dónde has sacado los balones?

Por fin, el chico se volvió hacia ella y la miró muy serio.

—Si esa es tu manera de darme las gracias, me los llevo otra vez, ¿eh?

Sara sostuvo su mirada unos instantes. Luego suspiró.

—Está bien, tienes razón, lo siento. Es que ha sido algo totalmente inesperado y me he puesto un poco nerviosa. ¿Cómo lo has hecho?

Sam sonrió, muy satisfecho consigo mismo.

—Estaban de rebajas —dijo solamente.

—Pero...

—Disfrútalos y no pienses más. —Se puso en

pie sobre el capó del coche y gritó—: ¡Y vosotras, ya no tenéis excusa para no entrenar! ¡Así que ya podéis empezar a trabajar para desplumar a esos Halcones!

—¡Muy bien dicho! —exclamó Alex, y todas estuvieron de acuerdo.

—¡A entrenar! —ordenó Sara.

Las chicas salieron corriendo en dirección a la cancha para tomar posiciones, mientras Eva y Vicky iban a la caseta a buscar los balones. Sara se quedó un momento junto a Sam.

—Sam, de verdad, no sé qué decir. Te has portado muy bien con nosotras. ¿Cómo puedo agradecértelo?

—No tiene importancia —respondió él, saltando al suelo para situarse a su altura—. Y mejor será que vayas a entrenar, que para algo eres la capitana...

Sara sonrió e, impulsivamente, hizo algo para lo que Sam no estaba preparado: le dio un abrazo.

—¡Muchas gracias! —repitió, y echó a correr hacia la cancha.

—De... de nada —murmuró Sam, aturdido y ruborizado.

—Te gusta, te gusta... —canturreó Jorge para hacerle rabiar.

—¡Cállate! —respondió Sam irritado; trató de atraparlo, pero Jorge se escabulló, aún riéndose.

—Oye, Sam —dijo entonces Óscar—. ¿No notarán los Halcones que les faltan balones?

Sam se olvidó de perseguir a Jorge por un momento e hizo un gesto despectivo.

—¿Esos...? Pero si no saben ni contar...

Mientras tanto, en el colegio, en el almacén del material deportivo, los gemelos observaban el carrito de los balones con ojo crítico.

—No sé, Lucas, yo juraría que ayer había más —opinó Mateo pensativo.

—Pero no puede ser —objetó su hermano—. Solo Eloy tiene las llaves del almacén.

—Pues yo estoy seguro de que nos faltan balones. Vamos, pondría la mano en el fuego.

—Pero Eloy nunca saca material del colegio. Y, si no ha sido él, ¿quién se los ha llevado?

—No sé, chico, pero aquí pasa algo muy raro.

—¿Se lo decimos a Eloy?

—¡Ni hablar! Mira que como nos eche la culpa a nosotros...

Como si los hubiese estado escuchando, de pronto se oyó a Eloy vociferando desde el patio:

—¿Vienen esos balones o qué?

Los gemelos cruzaron una mirada.

—Nunca los usamos todos, ¿no? —dijo Mateo—. Dejemos el carrito aquí. Sacaremos unos cuantos balones y ya está. Y luego lo hablamos con los demás, a ver si saben algo.

—Me parece bien —asintió Lucas.

Cogieron un montón de balones entre los dos y salieron del almacén. Antes de volver a cerrar la puerta, Lucas se volvió otra vez para mirar el carrito, que ahora estaba casi completamente vacío. Frunció el ceño y se prometió a sí mismo que resolvería aquel misterio.

12

Organizando el equipo

Un par de horas más tarde, cuando ya estaba anocheciendo, Sara, Vicky y Jessi caminaban por la calle de regreso a casa.

—¡Por fin un entrenamiento en condiciones! —exclamó Sara—. Qué maravilla poder trabajar con material decente y sin que nadie nos moleste.

—Y todo se lo debemos a Sam —señaló Jessi.

—Sí, tienes razón —reconoció Sara, pensativa—. Ese chico es una caja de sorpresas.

—Y es un sol en el fondo. ¿Por qué se esforzará tanto?

—Sí, vale, es buen chico —intervino Vicky—, pero eso no significa que no sea rarito, ¿no os parece?

—Ya sabemos que es raro —dijo Sara—. ¿Por qué dices eso?

—Porque os oía hablar de él como si fuese... no sé, un chico.

—Es que es un chico, Vicky —replicó Jessi riendo.

—Quiero decir que es un chico, pero no es un chico. Al menos, no un chico en el que una pudiera fijarse, ¿no creéis? Es gracioso, extravagante... Se le puede tratar como a un hermanito pequeño... como dicen Ángela y Alicia, es como una mascota.

—Bueno, dejadlo ya —cortó Sara—. Sam nos ha sacado de más de un apuro, ¿y qué? Quiere ser nuestro amigo y ya está.

—¿Tú crees? —dijo Jessi, dudosa—. Pues se toma muy en serio nuestra amistad, ¿no?

Sara se encogió de hombros.

—Ya lo habéis dicho: es raro.

Jessi se rio de nuevo.

—Tienes razón —reconoció.

Sara sonrió. Aquella tarde se sentía mejor que en mucho tiempo. Gracias a Sam y a sus amigos, que les habían proporcionado no solo los balones, sino también un lugar donde entrenar, su equipo parecía tener algún futuro.

Si hubiese sabido que en aquel mismo momento los Halcones mantenían una reunión urgente en los vestuarios del colegio, y hubiese podido escuchar lo que decían, no habría estado tan segura de ello.

—¿Cómo que nos faltan balones? —dijo Héctor alarmado.

—Sí, tío, por lo menos cinco —confirmó Lucas, mientras Mateo asentía solemnemente.

Héctor frunció el ceño y miró a su alrededor.

—¿Quién ha sido? —exigió saber; pero nadie contestó.

Bruno carraspeó.

—Quizá haya sido cosa de los pequeños...

Héctor negó con la cabeza.

—No se habrían atrevido. Le tienen demasiado miedo a Eloy.

—Pero ¿quién querría llevarse cinco balones? —dijo Roberto pensativo.

Mateo y Lucas cruzaron una mirada: habían tenido la misma idea. Héctor se dio cuenta y los observó, ceñudo:

—¿Estáis pensado lo que creo que estáis pensando?

—Es bastante probable, ¿no os parece? —dijo Mateo.

—Dadnos un día y nos aseguraremos... —añadió Lucas.

—... y, como hayan sido ellas... se van a enterar.

Al día siguiente por la tarde, cuando sonó el timbre, las chicas salieron de clase como todos los días, charlando sobre las clases, los profesores y, cómo no, sobre el entrenamiento. En aquella ocasión, además, Vicky les anunció que tenía algo que decirles, y que lo hablarían al llegar al solar. Estaban tan intrigadas que no se dieron cuenta de que alguien las seguía; y, de todas formas, como iban las once juntas, eran una presa fácil de rastrear.

Lucas y Mateo no tuvieron ningún problema en llegar hasta el solar donde ellas solían entrenar. Pero no se mostraron; por el contrario, se quedaron espiando a través de un boquete que había en la empalizada, mientras las chicas, ajenas a su presencia, comenzaban a trabajar.

Después de calentar, llegó la hora de reunirse en torno a Vicky para escuchar lo que tenía que decirles.

—Como sabéis —empezó—, yo no juego muy bien, pero llevo tiempo estudiando las reglas y tácticas del fútbol; también he estado tomando notas de las características de cada una de nosotras, y ya he sacado algunas conclusiones. —Agitó su libreta en el aire con una sonrisa triunfal—. Creo que ya ha llegado la hora de distribuir las posiciones dentro del equipo.

Todas se miraron, intrigadas. Las que tenían más experiencia no parecían estar muy seguras de las capacidades de Vicky como estratega, pero pronto comprobaron que tenía mucha mucha razón.

En primer lugar, colocó a Alex en la defensa. Al ser una chica dura y fuerte, se convertiría en una barrera infranqueable para los delanteros rivales. También seleccionó a Julia para la defensa porque tenía un buen toque y era muy buena robando balones.

En medio del campo situó a Ángela y a Alicia.

Se compenetraban muy bien, dijo Vicky, y serían capaces de avanzar ellas dos solas un buen trecho con el balón. También sugirió que Eva y Mónica, las más rápidas, corrieran por las bandas, y Jessi las acompañaría en la delantera. Como era muy alta, explicó Vicky, podría rematar bien de cabeza.

—¡Pero si yo no sé rematar de cabeza! —protestó Jessi.

—De momento —replicó Vicky—. Verás, es que aún tienes la costumbre de tratar de coger el balón con las manos, como harías si estuvieses jugando a baloncesto. Y en un partido eso es muy peligroso; si lo haces en nuestra área y lo ve el árbitro, podría pitar penalty en contra de nosotras. Así que no puedo ponerte en la defensa por el momento. Será mejor que estés delante. Además, como eres tan alta, resultas muy difícil de parar.

—Si tú lo dices... —se rindió Jessi, no muy convencida.

—Sara y yo nos quedaremos en el centro del campo para organizar el equipo —prosiguió Vicky—, pero la idea es que Sara pueda subir también para ayudar a las delanteras en el ataque. Y por último —concluyó—, ¡mi gran descubrimiento! ¡Carla!

La aludida se quedó perpleja al oír su nombre.

—¿Yo, tu gran descubrimiento? —exclamó—. ¡Pero si apenas sé jugar al fútbol!

—Pero, gracias a tu experiencia como gimnasta, eres la más ágil del equipo, saltas como un mono y atrapas lo que sea —replicó Vicky, triunfante—. ¡Serás nuestra portera!

Sara, maravillada ante la forma en que su amiga había organizado el equipo, pidió a todas que se situaran en los puestos asignados. Solo entonces se dieron cuenta de que Fani se había quedado en la banda, con aire triste.

—Tiene que haber un sitio para ella —le dijo Sara a Vicky en voz baja—. Somos once justas.

Ella la miró dubitativamente.

—Ya, pero es que...

—Vicky, ya sé que no corre mucho y que es un poco torpe, pero le pone mucha voluntad y trabaja un montón. Y eso es importante.

Vicky suspiró. Meditó un momento y volvió a suspirar. Y luego dijo:

—Está bien, está bien, tienes razón. ¡Fani! —la llamó—, tú serás defensa con Alex y con Julia.

A Fani se le iluminó la cara. Dio un saltito de alegría en el sitio y corrió a reunirse con las demás.

Dedicaron el resto de la tarde a entrenar, como siempre, y a hacer ejercicios que Vicky había encontrado en un libro sobre fútbol, y que supuestamente las ayudarían a encajar en sus nuevas posiciones.

Uno de ellos consistía en que las centrocampistas y las delanteras tenían que construir un ataque para tratar de marcar un gol contra la defensa. Fue entonces cuando descubrieron que Vicky había atinado bastante con la formación del equipo, porque tanto Alex como Julia hicieron un buen papel en la defensa y Carla paró varios disparos a puerta. Eva centraba bastante bien desde la banda, y la propia Vicky se sentía cómoda en el centro del campo, donde podía controlar todo lo que pasaba. Por su parte, Jessi era muy ágil y constantemente se colaba entre la defensa, desafiando incluso a la propia Alex, y Ángela y Alicia, aunque todavía tenían problemas para correr con el balón entre los pies, eran bastante precisas en los pases.

Las atacantes pronto descubrieron que la pobre Fani era un colador. Era muy fácil regatearla y rematar a portería desde la zona que ella defendía. Así le marcaron un par de goles a Carla; y, cuando Alex le dirigió a Fani un par de palabras duras, Sara tuvo que intervenir:

—Basta ya. Fani está aprendiendo, ¿vale? La próxima vez lo hará mejor.

Fani asintió, con los ojos muy abiertos, sin enfadarse ni entristecerse.

—La próxima vez lo haré mejor —dijo, y aquello se convirtió en su lema. Cada vez que fallaba, que no atinaba a darle al balón o que era incapaz de defender su zona, repetía como un mantra: «La próxima vez lo haré mejor», y así, hacia el final de la tarde, consiguió robarle un balón a la propia Sara, que corría, confiada, hacia la portería defendida por Carla.

—¡Fani, lo has conseguido! —la vitoreó Eva.

—¡Oye, que tú estás en nuestro equipo! —protestó Ángela.

—No somos dos equipos, somos un mismo equipo que se ha dividido en dos para entrenar —tuvo que recordarle Vicky.

Entretanto, Fani estaba tan sorprendida de verse con el balón entre los pies que no sabía qué hacer con él. Le dio una patada para quitárselo de encima y este fue a parar a los pies de Jessi, otra de las delanteras.

—¡No, así no! —se desesperó Alex, pero Fani solo sonrió, se encogió de hombros y dijo:

—¡La próxima vez lo haré mejor!

—¡Di que sí! —la animó Eva, y Alex sacudió la cabeza y sonrió también.

Aprovecharon el resto de la tarde para entrenar con los balones nuevos. Corrieron por toda la cancha con el balón entre los pies para aprender a controlarlo, se pusieron por parejas para practicar el pase y, finalmente, hicieron una fila para tirar a portería. Todo era mucho más rápido y sencillo entrenando con ocho balones en lugar de tres. Y Sam y sus amigos, que las observaban desde su puesto habitual, cruzaron una mirada de entendimiento y sonrieron.

Cuando se hizo de noche y terminó el entrenamiento se encontraron con el problema de qué hacer con los balones.

—Podemos llevarlos a casa —dijo Vicky—, pero va a ser una lata tener que traerlos todos los días...

—...Y además desde el colegio —se quejó Alicia.

—Eso es verdad, venimos a entrenar directamente después del cole y no pasamos por casa —coreó Ángela.

—Bueno, yo me llevo mi balón al colegio todos los días y no pasa nada —señaló Sara.

—Pero tú eres tú —dijo Carla—. Yo estoy con ellas: ya vamos bastante cargadas con libros como para encima llevar un balón cada una.

—¿No podemos dejar los balones aquí? —sugirió Mónica, y todas se volvieron para mirarla—. Bueno, este sitio parece bastante tranquilo, ¿no?

—Claro, es verdad, que tú llegaste después de la limpieza —recordó Vicky, pensativa—, y no has llegado a ver cómo estaba esto antes.

—De todas maneras, Mónica tiene razón —dijo Alex—. Aunque este sitio fuera una especie de basurero antes, llevamos una semana viniendo aquí todos los días y nunca nos ha molestado nadie. Solo nosotras y esos tres —señaló a Sam y a sus amigos, que las esperaban junto a la valla— saben que entrenamos aquí. ¿Quién va a venir a llevarse los balones?

—Bueno —aceptó Vicky, no muy convencida—, pero los guardaremos en la caseta por si acaso.

Así lo hicieron; optimistas y seguras de sí mismas por primera vez desde la creación del equipo, Sara y sus amigas, acompañadas de Sam, de

Óscar y de Jorge, abandonaron el solar para regresar a casa.

Ninguno de ellos vio que los gemelos seguían espiándolas, y que estaban aguardando a que se marcharan para entrar en el solar. Cuando ya nadie podía verlos, Lucas y Mateo saltaron la empalizada y miraron a su alrededor.

—Hay que reconocer que se lo han montado bien —dijo Mateo, pero su hermano estaba preocupado por otras cosas.

—¿Dónde habrán metido los balones?

—Como se los hayan llevado a casa...

—No, me he fijado bien: no los llevaban. Ah, mira, seguro que los han guardado ahí.

Lucas corrió hacia la caseta y la abrió sin problemas: a pesar de las reformas, y de que habían vuelto a poner en su sitio la puerta que había arrancado Alex el primer día, la cerradura seguía sin funcionar.

—Eh, mira, pero si tienen luz y todo —comentó Mateo dándole al interruptor.

La bombilla se encendió e iluminó el interior de la caseta. Allí, sobre el banco, había ocho balones. Los gemelos se lanzaron sobre ellos para examinarlos.

!!!!
SARA
EVA

—Qué chafón, estos no son —dijo Mateo desilusionado—. Los nuestros estaban marcados.

—Claro que son los nuestros —replicó Lucas, y le enseñó el que tenía en las manos: aún se podía apreciar en él un trozo del escudo del colegio, que, probablemente por las prisas, el Trío había dejado a medio borrar. Al ver la prueba definitiva, Mateo apretó los puños y gruñó:

—Esta nos la van a pagar.

Lucas sonrió de forma siniestra.

—Y que lo digas, hermanito.

13

La venganza de los gemelos

Sara no durmió bien aquella noche. Había dejado su querido balón en la caseta del solar con todos los demás, y aunque estaba convencida, como Jessi, de que no sucedería nada malo, el hecho de no tenerlo consigo la ponía nerviosa. Por la mañana, cuando iba a salir por la puerta, su madre notó que no llevaba el balón entre los pies, y comentó que ya era hora de que caminara por la calle como una persona normal. Sara sonrió, pero no dijo nada.

En el trayecto al colegio se sintió todavía más rara. Llevaba varios años yendo al colegio con su balón, y ahora que no lo tenía, era como si le faltara algo.

Decidió que aquella tarde, después del entrenamiento, se lo llevaría a casa. Que Eva dejara el suyo en la caseta si quería.

—Tranquila, verás cómo no le ha pasado nada —sonrió ella cuando se lo contó—. También yo he echado de menos mi balón.

—Pero tú no lo traes al cole todos los días, como hago yo.

—Claro, porque le tengo mucho cariño, y tenía miedo de que se perdiera o se pinchara. Pero estoy segura de que ahora está perfectamente. ¿A quién se le ocurriría entrar en el solar y curiosear en una caseta que se cae a pedazos?

Sara suspiró.

—Supongo que tienes razón.

En el recreo, las chicas tuvieron que soportar miradas especialmente burlonas por parte de los Halcones, sobre todo de los gemelos, que sonreían como si les hubiesen ganado un partido por diez goles.

—¿Qué tripa se les ha roto esta vez? —se preguntó Jessi preocupada.

—Déjalos, tienen el coeficiente intelectual de una ameba —replicó Vicky desdeñosa—. Seguro que piensan que nos hemos rendido. Como ya no nos peleamos con ellos por el campo...

Sin embargo, el entrenamiento de aquella tarde les reservaba una desagradable sorpresa. Cuando llegaron al solar y entraron en la caseta para recoger los balones, se encontraron con que cinco de ellos habían desaparecido. Los tres restantes, que eran el de Sara, el de Eva y el que habían comprado entre todas, seguían allí, pero solo eran unos tristes pellejos desinflados. Eva lanzó un chillido de angustia y corrió a recoger los restos de su balón.

—¡Mi pequeñín! —exclamó, acunándolo y acariciándolo como si fuera un bebé—. ¿Qué te han hecho?

Sara se había quedado de pie en la puerta, temblando. Las demás trataban de entrar en la caseta y al mismo tiempo no dejaban de hacer preguntas.

—¿Qué ha pasado?

—¿Dónde están los balones?

—¿Qué le pasa a Eva?

Vicky miró a su alrededor, en busca de alguna pista, y descubrió una nota pegada a la pared. Como Sara seguía sin reaccionar, se adelantó para cogerla y la leyó en voz alta:

—«Os lo teneis merecido por jugar sucio. Si no

¿Qué ha pasado?
¿Dónde están los balones?
¡Mi pequeñín! ¿Qué te han hecho?

sabeis entrenar sin molestar a los demas, entonces no vale la pena que entreneis. Firmado: Los Halcones». ¡Qué barbaridad, no han puesto ni una sola tilde! —se escandalizó.

Por fin, Sara volvió a la realidad; cogió el papel y lo leyó varias veces para asegurarse de que lo entendía bien, mientras las chicas se deshacían en lamentos, insultos y exclamaciones de indignación.

Eva estaba examinando los otros dos balones.

—Los han pinchado los tres —anunció con tristeza—. Y se han llevado todos los demás, los que trajo Sam.

Sara arrugó la nota con rabia y gritó:

—Pero ¡¡¿qué se han creído?!!

Alex hizo crujir los nudillos.

—Vamos a darles una lección.

Salieron de la caseta con los restos del delito y, todas en procesión, volvieron a saltar la empalizada y regresaron al colegio. Como suponían, los Halcones seguían entrenando. Sara, echando chispas, avanzó hasta Héctor, que estaba cerca de la banda, practicando pases con Raúl, y agitó ante sus narices la nota arrugada.

—¿Qué significa esto? —ladró.

—Creo que ya lo sabes —replicó él con frialdad.

—Vaya cara más dura —dijo Raúl—. Mira que volver aquí después de lo que habéis hecho...

—¡Cómo te atreves! —chilló Vicky—. ¡Vosotros nos habéis robado los balones nuevos y habéis pinchado los nuestros! ¡Lo vuestro no tiene nombre!

—¿Ah, sí? —dijo Héctor—. ¿Y cómo llamáis a entrar en el almacén y robar los balones del colegio?

—¡Nosotras no hemos robado nada! —protestó Sara ofendida.

Pero entonces Héctor le plantó delante de las narices el balón con el que estaba entrenando. Sara lo reconoció inmediatamente: era uno de los que les habían robado en el solar. Héctor lo hizo girar entre sus dedos hasta mostrarle la marca medio borrada.

—¿Era este uno de los balones que estabais buscando? —preguntó con frialdad—. Porque lo único que hemos hecho ha sido devolverlos a su sitio. Y dad gracias por que no nos hemos chivado a Eloy, porque, como se entere, se os va a caer el pelo.

—¿Qué significa esto? —murmuró Alicia desconcertada.

—¿Estábamos jugando con los balones del cole? —dijo Ángela.

—¿Quiere decir que alguien se los llevó del almacén y les borró la marca? —se asombró Fani.

Y entonces Sara lo entendió todo.

—Balones de rebajas... —recordó—. ¡Sam!

Las chicas salieron corriendo del colegio, muertas de vergüenza, temerosas de que los Halcones cambiasen de idea y le contasen a Eloy lo que había pasado con los balones. Regresaron al solar, todas en bloque, en busca de los culpables de todo aquel enredo.

Ajenos a lo que se les venía encima, Sam y sus amigos habían llegado al solar, como cada tarde, y habían descubierto que las chicas no estaban.

—¿Se habrán tomado la tarde libre? —se preguntó Óscar, extrañado.

Sam negó con la cabeza.

—Nos lo habrían dicho.

—No tienen por qué —replicó Jorge mientras se

encaramaba al capó del coche de siempre—. No pertenecemos al equipo, ¿recuerdas? ¡Somos tíos!

—Claro que pertenecemos al equipo —respondió Sam, ofendido—. Somos los que les suministramos el material. Somos como la tienda de armas y objetos de los juegos de rol, solo que nosotros no cobramos el servicio.

—Los utilleros —apuntó Óscar, y los otros dos lo taladraron con una mirada de sospecha—. ¿Qué? —se defendió él—. Mi padre es un forofo del fútbol y he visto con él algunos partidos... obligado, claro —se apresuró a aclarar.

En aquel momento, las chicas saltaban la empalizada, una detrás de otra. Sam las saludó con la mano.

—¡Llegáis tarde! —las regañó, medio en broma, medio en serio; pero se le borró la sonrisa de la cara al ver los nubarrones de tormenta que cruzaban la expresión de Sara—. ¿Qué pasa? —preguntó cuando ella llegó a su altura.

Sara estaba tan indignada que no pudo contestar. Sus amigas lo hicieron por ella: Eva le mostró su balón pinchado y Vicky le tendió la nota, ya completamente arrugada, que habían dejado Lucas y Mateo en la caseta. Sam la leyó y dijo:

—Vaya, son más listos de lo que pensaba.

Sara entornó los ojos y replicó:

—Así que ha sido cosa tuya...

Sam alzó la cabeza y adivinó, por las caras enfadadas, que se había metido en un buen lío.

—Puedo explicártelo...

Pero no tuvo ocasión. Sara estalló y gritó furiosa:

—¡No quiero tus explicaciones! ¡Por tu culpa, nos hemos quedado sin balones! ¡Sin ningún balón! ¡Se han llevado los que vosotros ro-bas-teis del colegio y nos han pinchado los demás! ¿Qué vamos a hacer ahora?

—¡Pero...!

—¡¡Largo de aquí!! —cortó Sara—. ¡No quiero veros la cara nunca más!

—¡Muy bien! —replicó Sam enfadado—. Si eso es lo que quieres, ¡nos iremos! ¡Y después no vengas a llorarme cuando necesites cualquier otra cosa!

—¡Yo nunca te he llorado! ¡Ni te he pedido ayuda!

Los demás, chicos y chicas, dirigían la mirada de uno a otro como si estuviesen viendo un partido de tenis. Sam se levantó de un salto, temblando de ira, y se abrió paso entre las chicas en dirección a la valla. Sus amigos lo siguieron, incómodos.

Pero no había dado ni tres pasos cuando dio media vuelta y dijo:

—Lo hicimos porque queríamos ayudaros. Si no eres capaz de entender eso...

Sara, sin embargo, estaba demasiado enfadada y dolida para ablandarse.

—No vuelvas a dirigirme la palabra —replicó, cortante.

Sam entrecerró los ojos y respondió:

—Muy bien, tú lo has querido. Hasta nunca, desagradecida.

Y se marcharon, saltando la valla de nuevo, sin mirar atrás.

Caminaron por la calle en silencio, apesadumbrados, hasta que Jorge se atrevió a hablar:

—¿Ves cómo esa tía no valía la pena?

—Pues yo creo que tienen razón —opinó Óscar—, las hemos metido en un lío. Como los Halcones se chiven al profesor...

Sam sacudió la cabeza.

—Habría estado dispuesto a cargar con las culpas yo solo si me hubiese dejado hablar. Pero creo que no merezco este trato. ¿Sabéis lo que os digo? ¡Que se pudra!

—¡Bien dicho! —aprobó Jorge—. Qué, ¿nos vamos a tu casa a jugar con el ordenador?

Sam reflexionó unos instantes y después respondió, encogiéndose de hombros:

—¿Por qué no?

Sara y sus amigas no se quedaron mucho más tiempo en el solar. Sin balones no podían entrenar, y tampoco les apetecía ponerse a pensar en cómo solucionarían el problema: estaban demasiado tristes y enfadadas como para hacer cualquier cosa.

De modo que regresaron a casa arrastrando los pies.

—Esos idiotas... —murmuró Vicky—. ¿A quién se le ocurre robar los balones del almacén?

—¡Ahora estamos peor que al principio! —se lamentó Ángela.

—¡Y encima los Halcones creen que somos unas ladronas! —lloriqueó Alicia.

—Sara, ¿qué te pasa? —le preguntó Julia—. Pareces muy triste.

—Ánimo, verás como todo se arregla —sonrió Eva.

—Es por el balón —dijo ella—. No tiene arreglo, y le tenía mucho cariño. No deberíamos haberlos dejado en la caseta.

—Lo sé, te entiendo —asintió Eva, apenada—. A mí me pasa igual.

—Tías, me siento fatal —dijo Alex—. Yo insistí en que los dejáramos en la caseta. Si nos los hubiésemos llevado a casa...

—Habrían encontrado otra manera de fastidiarnos, seguro —cortó Jessi con firmeza—. No ha sido culpa de nadie. Tampoco de Sam y sus amigos; ellos solo querían ayudarnos, y supongo que pensaron que era injusto que los Halcones pudiesen usar los balones y nosotras no.

—Aun así, Sam es un imbécil —gruñó Sara.

Jessi sonrió.

—Pero empezabas a confiar en él. Por eso estás tan afectada.

Sara no respondió.

Siguieron caminando en silencio hasta que llegaron a la esquina en la que Vicky y Sara debían separarse de las demás.

—Mañana es sábado —dijo Vicky—. Como no

tenemos balones, será mejor que nos tomemos un par de días de descanso. Y ya hablaremos el lunes.

A todas les pareció bien. Se despidieron y se desearon buen fin de semana. Después, Sara y Vicky torcieron la esquina y reemprendieron el camino a casa en silencio.

Al cabo de unos minutos, oyeron una voz:

—¡Sara!

Al volverse vieron que se trataba de Bruno, que corría para alcanzarlas. Se pararon para esperarlo. Cuando él se detuvo junto a ellas, sin aliento, los dos hermanos cruzaron una mirada y Sara, sin una palabra, le mostró su balón pinchado.

—Te juro que no sabía nada de esto —se apresuró a decir él—. Los gemelos solo tenían que seguiros y recuperar los balones. Lo de pinchar los vuestros ya fue cosa suya. Ya sabes cómo son.

Sara no respondió. Los tres echaron a andar de nuevo.

—Tampoco nosotras sabíamos que eran los balones del cole —dijo Vicky.

Bruno las miró, incrédulo.

—¡Venga ya! ¡Pero si no es la primera vez que lo hacéis!

—Hay una gran diferencia entre sacarlos del almacén para dejarlos en su sitio después de usarlos, y robarlos para no devolverlos nunca más —respondió Sara enfadada—. Nosotras no somos ladronas.

—Además —añadió Vicky, más práctica—, Eloy ya nos riñó una vez por sacar balones del almacén. ¿Crees que nos habríamos arriesgado a volver a hacerlo?

—Supongo que no —admitió Bruno pensativo—. Entonces, ¿por qué teníais vosotras los balones?

Sara suspiró.

—Un idiota quiso hacerse el simpático y nos hizo creer que nos los regalaba.

—¿En serio? ¿Quién?

—No vale la pena hablar de él.

Siguieron caminando hasta que Bruno volvió a romper el silencio:

—A mí no me importaría que tuvieseis vuestro equipo y jugaseis en la liga —dijo—. No veo por qué no podéis hacerlo si queréis.

—Gracias, Bruno —respondió Sara mecánicamente.

—Procura recordarlo cuando juguemos contra

vosotros —sonrió Vicky—, porque de ese partido depende nuestro futuro como equipo.

—Ya, vaya marrón —suspiró Bruno—. Bueno, a mí no me miréis: seguro que me dejan de reserva en el partido.

—Eso siempre es mejor que no tener equipo —murmuró su hermana.

—Sara, si no nos apuntamos en la liga tampoco pasa nada —dijo entonces Vicky—. Podemos seguir jugando en el solar y pasárnoslo bien, ¿no?

Pero ella no contestó.

—Si queréis —dijo Bruno—, os puedo dejar mi balón. No lo necesito para entrenar, porque usamos los del colegio...

—Tu balón lleva meses debajo de tu cama cogiendo telarañas —cortó Sara—. No lo has sacado de ahí desde el verano.

—Bueno, pues se las quitas, lo hinchas si está flojo y ya está. No es mucho, pero si lo necesitáis...

—Muchas gracias, Bruno —respondió Vicky, y Sara sonrió por primera vez.

—Sí, muchas gracias —añadió.

Se despidieron de Vicky en la esquina siguiente. Y no hablaron más en lo que duró el trayecto hasta su casa.

Al llegar, Sara dijo que le dolía el estómago y que estaba cansada, y se metió en la cama sin cenar. Su madre fue corriendo a ver si estaba enferma.

—¿Qué te pasa, hija? —le preguntó, colocando una mano sobre su frente para comprobar que no tenía fiebre—. ¿Te encuentras mal?

—No, mamá, estoy bien. Solo quiero dormir.

Se las arregló para espantarla de su cuarto diciendo que también le dolía la cabeza y que no quería hablar con nadie. Su madre salió, cerrando la puerta tras de sí, con un suspiro de preocupación. Se cruzó con Bruno en el pasillo.

—Espera, espera, no te vayas tan deprisa —lo retuvo—. ¿Sabes lo que le pasa a tu hermana?

Bruno echó un vistazo a la puerta cerrada del cuarto de Sara, dudó un momento y después asintió, llevándose un dedo a los labios y diciendo por señas a su madre que lo siguiera. Intrigada, ella fue tras él hasta el salón, donde estaba su padre leyendo un libro.

—Tengo que hablar con vosotros —les dijo Bruno a ambos en voz baja.

14

Lo mejor está por llegar

Al día siguiente, cuando Sara abrió los ojos, recordó de golpe todo lo que había pasado el día anterior. Gimió, se tapó la cabeza con el edredón y volvió a acurrucarse en la cama. No tenía ningunas ganas de levantarse ni de enfrentarse a un mundo sin balones.

«Ya estoy cansada de problemas, broncas y disgustos —pensó—. Quizá estaba equivocada. Tal vez no vale la pena pasar por todo esto.»

Pensó en las chicas del equipo, y en todo lo que habían trabajado. Era una lástima echarlo todo por la borda, pero ¿qué podían hacer? Parecía que lo tenían todo en contra. No importaba cuánto se esforzasen, siempre aparecía un nuevo obstáculo más duro que el anterior.

Y, por si fuera poco, se había enfadado con Sam. Cerró los ojos con más fuerza al acordarse de la discusión del día anterior. «Se lo merecía», pensó. Pero aquella mañana ya no se sentía furiosa con él. Solo triste... y decepcionada.

Entonces, alguien llamó a la puerta, interrumpiendo el curso de sus pensamientos. Sara suspiró irritada.

—¡Estoy durmiendo! —gruñó.

—Sara, vamos, levántate. —Era la voz de su padre—. Hay algo que quiero que veas.

Ella suspiró otra vez.

—No me importa quién esté jugando, no me apetece ver la tele ahora.

Pero su padre se rio.

—¿Crees que te despertaría para ver un partido en la tele, sabiendo lo que te gusta jugar a fútbol de verdad?

«Genial, gracias por recordármelo», pensó Sara, molesta.

—Vamos, sal de ahí —intervino entonces la voz de su madre, risueña—. Tenemos una sorpresa para ti.

—Mabel —protestó su padre—, si le dices que hay una sorpresa, ya no es tan sorpresa, ¿entiendes?

Sara puso los ojos en blanco y se levantó de mala gana. Se puso la bata y las zapatillas y abrió la puerta de la habitación. Allí estaban sus padres, esperándola, tan contentos como si fuera el día de Reyes.

—Bueno, ya está, ya estoy despierta —gruñó—. ¿Y ahora, qué?

Ante su asombro, se la llevaron prácticamente en volandas hasta el salón.

—¡Tacháaan! —canturreó su padre, triunfal, mostrándole lo que había encima del sofá.

Sara tardó un par de segundos en procesar lo que estaba viendo. Cuando lo hizo, parpadeó varias veces, como si estuviese sufriendo una alucinación, y después se frotó un ojo, perpleja.

Allí, sobre el sofá, había nada menos que tres flamantes balones nuevos.

—¿Qué? —preguntó su padre, orgulloso.

—A esos tres les tienes que sumar el mío —se oyó la voz de Bruno—. Lo que pasa es que aún no le he limpiado las telarañas.

Sara pestañeó otra vez.

—¿De dónde...? —acertó a decir—. Pero ¿cómo...? ¿Por qué?

—Explícaselo, papá, que es un poco corta —se burló Bruno.

Su padre carraspeó antes de decir, muy satisfecho de sí mismo.

—Bueno... Tu hermano nos contó anoche que tu dolor de barriga tenía más que ver con unos gemelos gamberros y con unos balones pinchados que con una indigestión. Y he pensado: ¿de qué me sirve ser un exfutbolista si mi hija no tiene un solo balón para jugar? Ya sabes lo que dicen: en casa del herrero, cuchillo de palo. Así que esta mañana he cogido el coche y he ido a comprar unos cuantos. Y habrá más, te lo prometo, en cuanto hable con un par de amigos míos.

Sara abrió la boca para contestar, pero no le salieron las palabras. Se lanzó a sus brazos.

—¡Gracias, gracias! —pudo decir—. ¡Te debo una muy gorda!

—A cambio de este regalazo —intervino su madre, severa de pronto—, tienes que prometer que estudiarás más y que vas a aprobar las matemáticas y el inglés. Que no todo va a ser el fútbol, hija.

Sara se quedó desconcertada un momento. Miró a su padre, pero este se encogió de hombros. La chica suspiró y dijo:

—Vale... ¡Lo prometo! —Sonrió de nuevo—. ¡Me muero de ganas de decírselo a las demás!

—Pues esto no es todo —dijo su madre.

—¡Mabel! —protestó el padre.

—¿Que no es todo? —repitió Sara intrigada. Miró a sus padres, y estos sonrieron como quien guarda la llave de un gran tesoro.

Aunque habían quedado en que no habría entrenamiento aquel día, Vicky había salido de casa después de desayunar y se había encaminado al solar. Saltó la valla y, para su sorpresa, se encontró allí con Alex, que estaba dándole patadas a una piedra y trataba de colarla en una de las porterías.

—¡Alex! —la llamó—. ¿Qué haces aquí?

—¡Me aburría! —gritó ella, y le dio una última patada a la piedra, con tanta fuerza que la estrelló contra el larguero.

—¡Eh! —se oyó una voz desde lo alto de la empalizada—. ¡Habéis venido!

Eva y Julia saltaron al interior del solar.

—¡Tenía que daros la noticia! —exclamó Eva—.

¡Mi madre me ha prometido que me comprará un balón nuevo por mi cumpleaños! Todavía faltan tres meses, pero ¿no es estupendo?

—Y mi hermano me ha dicho que puedo usar su balón cuando no lo utilice él —añadió Julia.

Vicky sacó rápidamente la libreta y anotó:

Lista de balones que podemos conseguir

1. Balón de Eva (esperar tres meses)
2. Balón de Julia (prestado)

—Apunta uno mío —dijo Alex—. Tengo un colega que tiene un balón de fútbol y me debe un favor. Y si no se acuerda, me encargaré de recordárselo —añadió con una sonrisa amenazadora.

Vicky lo apuntaba todo diligentemente:

Lista de balones que podemos conseguir

1. Balón de Eva (esperar tres meses)
2. Balón de Julia (prestado)
3. Balón de Alex (prestado)

—A mí lo que me preocupa es que los balones no sean nuestros —dijo Julia—. Si los perdemos, o si nos los vuelven a pinchar...

Vicky reflexionó un momento y luego suspiró.

—Es verdad. No deberíamos entrenar con balones prestados, por si acaso. Pero entonces, ¿qué hacemos?

—¡Anda, mira, si están aquí! —sonó la voz de Ángela.

—¿Lo ves? —le respondió Alicia—. ¡Te lo dije!

Las dos asomaron las cabezas, peinadas con las mismas trenzas y adornadas con las mismas diademas, por encima de la valla. Se sentaron a horcajadas sobre ella y después se inclinaron hacia fuera para ayudar a subir a Fani, que venía detrás.

—¡Hemos venido a deciros que estamos dispuestas a renunciar al concierto de Mystic Boys para comprar un balón! —anunció Alicia a voz en grito—. ¡Y que cederemos el dinero de las entradas para el bote común!

—Por el camino nos hemos encontrado con Fani —dijo Ángela, resoplando mientras tiraba de ella para subirla a la empalizada.

Momentos después, ya estaban las tres en el solar. Mientras Vicky las apuntaba en su lista de voluntarias para conseguir un balón, Jessi saltó la valla con su agilidad habitual, y no había terminado de saludarlas cuando también hicieron acto de presencia Carla y Mónica.

—No me lo puedo creer —se rio Carla—. ¡Hemos venido todas al entrenamiento precisamente el único día que no hay entrenamiento!

—Todas, no —puntualizó Vicky—. Falta Sara.

—Es verdad —dijo Jessi pensativa—. Sí que le debe de haber sentado mal lo de ayer para haberse quedado en casa.

—Bueno, es normal que se quedara en casa —opinó Alicia—. ¿Para qué iba a venir a entrenar si no tenemos balones?

Apenas había terminado de decirlo cuando, como por arte de magia, un balón de fútbol saltó la empalizada, dio tres botes en el suelo y rodó hasta ellas.

—Anda —soltó Fani boquiabierta—. Dilo otra vez, a ver si llueven más balones.

Pero no había nada sobrenatural en aquello. Detrás del balón asomó la pelirroja cabeza de Sara, que se quedó muy sorprendida al verlas a todas reunidas.

—¡Ahí va! —exclamó—. ¿Qué hacéis aquí?

—¿De dónde has sacado el balón? —preguntó Alex, y Sara sonrió.

—Es un regalo —dijo saltando al interior del solar—. Y la buena noticia es que tengo varios más en casa.

—¿Un regalo de quién? —saltó Carla desconfiada—. ¡No estarían de rebajas! Porque entonces...

Se calló al ver que otra cabeza había asomado por encima de la empalizada: la cabeza de un hombre adulto.

—Sara, esto es muy alto. ¿Estás segura de que...? —empezó, pero se interrumpió al ver a todas las chicas reunidas en el solar.

—Que sí, papá, salta, que no pasa nada —respondió Sara, ante el estupor de sus compañeras.

—Tías, yo me abro —dijo Alex inmediatamente.

Pero no se atrevió a moverse.

Las demás también estaban atónitas. ¿Por qué se había traído Sara a su padre al solar donde entrenaban? Lo observaron recelosas mientras aterrizaba en el suelo y se acercaba a ellas, sonriente. Aquel era su espacio, su rincón privado. Un adulto podía estropearlo todo. Podía decirles que era muy peligroso, que no deberían estar ahí... Cualquiera del equipo, aunque no lo hubiesen hablado antes, sabía que nunca, bajo ninguna circunstancia, había que traer a ningún padre al solar. Y mucho menos a las madres.

—Pensaba que no habría nadie hoy —dijo Sara alegremente—, por eso he traído a mi padre para que viera el sitio donde entrenamos.

El aludido, sin darse cuenta de las miradas desconfiadas que le dirigían las chicas, lo contemplaba todo, maravillado.

—¡Oye, pero si esto está muy bien! —comentó—. ¡Si hasta tenéis porterías y todo!

—Las hemos montado nosotras —dijo Sara orgullosa.

Las chicas seguían sin hablar, pero algunas empezaron a mirarlo con otros ojos, al ver que apreciaba su esfuerzo y, por el momento, no parecía tener intención de reñirlas.

El recién llegado se encaminaba ya hacia la caseta para examinarla de cerca, cuando Sara lo retuvo del brazo y lo arrastró hasta colocarlo frente a sus amigas.

—Os presento a mi padre —dijo—. Papá, este es nuestro equipo.

—Encantada —dijo Vicky enseguida, y las demás respondieron con tímidos «Hola». Hasta Alex dejó escapar un «Qué hay».

—Gracias a él —prosiguió Sara— tenemos balones para jugar: este —señaló al que había lanzado por encima de la empalizada— y dos más que hay en mi casa, más uno que nos cede mi hermano. Cuatro en total. Y me ha prometido que nos conseguirá más.

Las chicas no fueron capaces de responder.

—Vaya... Eso es genial —pudo decir Vicky—. Muchas gracias... en nombre de todas —añadió, al ver que las otras estaban demasiado asombradas para hablar.

—Y eso no es todo —continuó Sara sonriendo—. A partir de ahora, él será nuestro entrenador.

Y, esta vez sí, todas reaccionaron a la vez.

—¡¿Quéeee?!

—¡Oye, que no es un padre cualquiera! —protestó Sara ofendida—. Aquí donde lo veis, cuando era joven jugó en la liga profesional.

Hubo murmullos de sorpresa y admiración.

—¿Y era usted famoso? —quiso saber Alicia.

El padre de Sara respondió con una carcajada.

—No, hija. Jugaba en un equipo de segunda división y, además, era defensa —explicó—. Los jugadores famosos suelen ser los que marcan goles. Aparte de eso —añadió—, en mis tiempos el fútbol no era como ahora. No era tan mediático, si entendéis lo que quiero decir. Importaba más el juego de equipo que los jugadores estrella, y además, los equipos no cambiaban mucho de una temporada a otra..., quizá algún fichaje de refuerzo, pero nada más. Podías pasar años en el mismo equipo con los mismos compañeros y con el mismo entrenador. Eran otros tiempos.

—Además —intervino Sara, al ver que la mayoría de sus amigas escuchaban el discurso sin entenderlo en realidad—, mi padre tuvo una lesión muy grave en la rodilla cuando solo llevaba dos temporadas en el equipo, y lo tuvo que dejar.

—Aaaah —dijeron todas, asintiendo.

—Pues si fue jugador profesional —dijo Eva con cierta timidez—, seguro que sabe un montón. A mí me gustaría que fuese nuestro entrenador.

—A mí también —apoyó Vicky—. Es lo más sensato.

Al final, hasta las más reticentes aceptaron al nuevo entrenador.

—Bueno, si nos trae balones... —dijo Alex, encogiéndose de hombros.

Sara sonrió.

—Pues no hay más que hablar.

Pero sí había mucho que hablar. Lo primero que hizo el padre de Sara fue preguntar los nombres de todas ellas. Fani levantó la mano y le preguntó si a él debían llamarlo «padre de Sara» o simplemente «entrenador».

—Al entrenador se le llama míster, que no te enteras —dijo Alex.

—Bueno —dijo él—, a mí podéis llamarme Germán, que es mi nombre.

Sin embargo, les imponía tanto respeto que acabaron llamándolo «entrenador», menos Alex, que, fiel a su carácter descarado, lo llamaba siempre «míster».

El siguiente tema que trataron fue el de los entrenamientos.

—Yo trabajo entre semana —les explicó Germán—, por lo que no podré venir por las tardes. Lo he hablado con Sara y se nos ha ocurrido que estaría bien que viniésemos aquí los fines de semana, sábado o domingo, cuando os venga mejor, para hacer un entrenamiento largo. Luego os puedo dejar una tabla de ejercicios para hacer los días que yo no esté. ¿Os parece?

—¿Puedo encargarme yo de organizar eso? —preguntó Vicky, ilusionada.

El entrenador miró a su hija, que asintió. Sara conocía muy bien la pasión de Vicky por organizar cualquier cosa, lo que fuera. Y tenía que admitir que no se le daba mal.

—Si todas estáis de acuerdo, no veo por qué no.

Y sí, estaban todas de acuerdo. Es más: el hecho de que Germán solo fuese a entrenarlas los fines de semana no suponía una decepción para ellas, al contrario. Significaba que, entre semana, podrían seguir entrenando a su aire, con la libertad de siempre. Y al mismo tiempo, el hecho de saber que habría alguien experimentado para controlar sus progresos, aunque solo fuera una vez por semana, les daba seguridad y confianza. En definitiva, incluso Alex pensaba que era lo mejor que podían hacer.

El tercer tema fue el más delicado.

—Me ha dicho Sara que estáis preparando un partido contra el equipo de chicos del colegio.

—Sí —respondieron ellas.

—Bueno, pues lo prepararemos juntos. Esta semana podemos dedicarnos a los pases, la semana que viene, a los tiros a puerta, y la próxima...

—Papá —cortó Sara—, el partido contra los chicos es el sábado que viene.

—¿Cómo? —se alarmó Germán—. ¿Quieres decir que solo tengo una semana..., quiero decir, un fin de semana para prepararos? —Al ver la cara de susto que pusieron sus pupilas, rectificó—: Quiero decir... ¡ejem!, sí, de acuerdo, entonces podemos entrenar esta tarde, o mañana, y os enseñaré varios ejercicios completos para que los hagáis esta semana... Será intensivo, pero muy eficaz...

Como todas estaban deseando empezar, quedaron en reunirse allí de nuevo por la tarde. Germán regresó solo a casa, ya que Sara quería quedarse un rato más con sus amigas. Cuando volvieron a estar solas, le llovieron alabanzas y comentarios entusiasmados:

—Cómo mola tu padre...

—¡Ya sé por qué te gusta tanto el fútbol!

—Qué enrollado, ¿no? Si hasta nos consigue balones y todo.

Y Vicky arrancó la hoja de la libreta donde había iniciado la LISTA DE BALONES QUE PODEMOS CONSEGUIR y la hizo pedacitos. Gracias al nuevo míster, ya no haría falta.

—¡Y podremos ir al concierto! —dijeron Ángela y Alicia por cuarta vez.

Cuando regresaron a casa, Sara estaba tan feliz y tan segura de que harían un buen papel en el partido que pensó, por un momento, en que debía hacer las paces con Sam. Sin embargo, tenía tantas cosas en la cabeza que pronto se le olvidó aquella idea. Faltaba poco, muy poco para el trascendental partido contra los Halcones, el primero que iban a jugar, y quedaba mucho por hacer.

Y, a pesar de que su equipo aún era un desastre, a pesar de que sabía que se jugaban no solo el poder participar en la liga, sino, sobre todo, el prestigio ante todo el colegio, aquella mañana Sara no podía dejar de sentirse optimista.

Porque tenía la sensación de que apenas acababan de empezar.

Y de que lo mejor aún estaba por llegar.